DÓLARES, EUROS, PESOS

LA SABIDURÍA DEL REY SALOMÓN SOBRE EL DINERO

RON SMITH

CARIBE-BETANIA
Una División de Thomas Nelson Publishers
The Spanish Division of Thomas Nelson Publishers
Since 1798 — desde 1798
www.caribebetania.com

Caribe-Betania Editores es un sello de Editorial Caribe, Inc.

© 2005 Editorial Caribe, Inc.
Una subsidiaria de Thomas Nelson, Inc.
Nashville, TN, E.U.A.
www.caribebetania.com

Título en inglés: *Dollars, Euros, Pesos*
© 2004 por *Ron Smith*

A menos que se señale lo contrario, todas las citas
bíblicas son tomadas de la Versión Reina-Valera 1960
© 1960 Sociedades Bíblicas Unidas en América Latina.
Usadas con permiso.

ISBN 0-88113-837-1

Traducción: *John Bernal*

Diseño interior: *Grupo Nivel Uno, Inc.*

Reservados todos los derechos.
Prohibida la reproducción total o parcial
de esta obra sin la debida autorización por
escrito de los editores.

Impreso en E.U.A.
Printed in the U.S.A.

Contenido

Prólogo del autor
Proverbios sobre el dinero 5

Introducción
Proverbios sobre el dinero 17

1. Alianzas inicuas 25
2. Dios condena la codicia 31
3. La generosidad y la entrega de las primicias traen bendición 41
4. Deudas 51
5. Pague las cuentas a tiempo 65
6. El peligro del codeudor 75
7. Acuérdese de los pobres 79
8. Hay sabiduría en ahorrar e invertir 89
9. Soborno 95
10. La pereza 103
    Conclusión..107

Proverbios sobre el dinero

PRÓLOGO DEL AUTOR

Desde 1990 he leído más de trescientos libros sobre administración personal del dinero. La cifra «trescientos» es un redondeo deliberado y tal vez contraproducente, pero se debe a que no quiero exagerar. El número total podría ser hasta dos o tres veces los «trescientos libros» sobre temas de dinero. Por supuesto, trescientos parece una gran cantidad hasta que se compara con lo logrado por el famoso predicador Charles Spurgeon, que revisó entre dos y tres mil libros mientras escribía un comentario bíblico.

La pelea mayor que tenemos en nuestra familia a la hora de viajar es sobre cuántos libros puedo llevar conmigo. Al escribir estas líneas me encuentro en el sur de India. Traje doce libros conmigo en este viaje de dos semanas, y dos de ellos tratan temas financieros. Uno tiene que ver con legislación sobre la bancarrota, escrito por la profesora de leyes Elizabeth Warren de la Universidad de Harvard. El otro es el libro de texto obligatorio para los que quieren ejercer como consejeros de inversiones registrados.

Aprender de libros no es lo mismo que aprender «en la calle» pero de algo sirve, así como una mirada retrospectiva nos permite alcanzar una visión perfecta de las cosas. Me gustaría haber sabido en el pasado lo que sé ahora, tanto como para haber escrito un libro sobre finanzas. He leído libros sobre manejo de dinero y en casi todos los temas relacionados con este, desde cómo hacer compras a precios de descuento hasta inversiones sofisticadas como opciones sobre acciones y futuro de materias primas.

Se han escrito miles de libros sobre cuestiones de dinero. ¿Por qué debería yo escribir uno más? Durante muchos años dije que no lo haría.

Mientras caminaba por el centro de Taipei, en Taiwán, sentí que Dios puso en mi mente la idea de abordar el tema «Proverbios bíblicos sobre el dinero». Taiwán es un lugar donde hay una mezcla compleja de riqueza y superstición, necedad y sabiduría, moderación y azar.

Me asombro al ver cuán acaudalados son los chinos. La autobiografía de Lee Kuan Yew, *From Third World To First* es una crónica del ascenso meteórico de la etnia china en Singapur a la altura de potencia mundial en materia de dinero. Es apropiado que estando entre los chinos me sintiera motivado a escribir este libro. Existen pocas obras de finanzas enfocadas en el tema específico de las enseñanzas que se encuentran en el libro de Proverbios en la Biblia, y por eso siento una obligación especial de escribir al respecto.

¿Qué pasaría si Dios no dijera nada acerca del dinero? Para aquellos que creen que la Biblia dice muy poco acerca del dinero, esto les abrirá los ojos.

¿A qué se debe esta concentración específica en «Proverbios sobre el dinero»? Sabemos que el libro de Proverbios siempre está en lo correcto. El problema es hacer una interpretación correcta de su contenido. Es interesante que en mi clase de seminario sobre los libros poéticos, no se hiciera una sola referencia a este tema del dinero en nuestro estudio de Proverbios.

Algunos dirían que solo necesitamos la Biblia para aprender acerca de dinero, mientras otros no tienen ni idea de que existen muchísimos libros sobre el tema. Algunos piensan que leer tanto sobre un solo tema es un desperdicio de tiempo. Salomón habría recomendado un solo libro para aprender administración monetaria: El que él escribió.

Supongo que para usted es importante conocer mi historia personal sobre el manejo del dinero desde un principio. Al pensar en mi experiencia pasada, lo primero que recuerdo es lo mucho que oré para conseguir dinero y pagar la universidad. Cada vida cuenta una historia, y la mía es única.

Mis padres trabajaron como una típica familia nuclear de postguerra. Mi papá fue profesor de secundaria y entrenador de fútbol durante treinta y cinco años. Mi mamá se desempeñó como «madre y ama de casa». Los profesores de escuela en Albuquerque, Nuevo México, ganaban muy poco durante las décadas de los cincuenta y sesenta. Aunque mi papá trabajó duro siempre vivimos con austeridad, podría decirse que extrema para una familia de seis. Mamá mezclaba la leche de verdad con leche en polvo para que rindiera. Mi papá trabajaba en las noches y en el verano aparte de su contrato regular como docente para que nos alcanzara el dinero. De hecho, en el 2005 autores como Medoff y Warren concuerdan en que la población de los Estados Unidos ya no puede vivir de un solo ingreso. Yo trabajé en el verano y después de clases con cierta regularidad durante mi paso por la secundaria. Trabajé mucho durante la universidad y mis estudios de postgrado.

Desde la secundaria, un profesor llamado Arnold Blech empezó mi educación en finanzas. Me enseñó balance de cuentas y contabilidad general. Con él tuve dos años de Contabilidad, dos años de Balances de Cuentas y dos de Administración General. Él solía aplaudir al comienzo de la clase y anunciaba: «Les garantizo que si prestan atención a lo que les digo, les ahorraré diez mil dólares en algún momento de su vida». Yo presté atención, y hasta ahora Arnold me ha ahorrado más de diez mil dólares en el transcurso de mi vida. (Más adelante, en este libro, usted verá cómo me ayudó a ahorrar todavía más.)

¿Por qué le importaba tanto este asunto? Porque ya había visto demasiados desastres financieros. El señor Blech nos recalcó la importancia de pensar todo el tiempo en términos de interés compuesto. Recuerdo cómo nos hablaba de muchas parejas que a duras penas terminaban de pagar sus electrodomésticos cuando ya estos habían dejado de funcionar, debido a los préstamos que habían sacado para comprar artículos que se desvalorizan. Con la mirada penetrante de sus ojos azules introducía en nuestras cabezas colegiales nociones tan básicas como «pagar en efectivo» y «llevar bien las cuentas». Aunque uno olvida mucho de lo que estudia en la secundaria, yo aprendí mucho de Arnold Blech. Estoy seguro de que elaboramos más de veinticinco tipos diferentes de declaraciones de impuestos durante esos dos años en nuestra clase de contabilidad.

Yo empecé mi primer negocio a la edad de diecinueve. Importaba y exportaba detalles y regalos pequeños con un amigo cercano. En menos de dos años tuvimos que suspenderlo porque ciertas personas creyeron que estábamos dedicados al tráfico de estupefacientes, pero lo cierto es que nuestro negocio era muchísimo menos lucrativo. Llegamos a un punto decisivo en el negocio en que tuvimos que elegir entre asistir a la universidad y graduarnos o dedicarnos de lleno a él. Mi amigo se fue a estudiar odontología, mientras que yo me convertí al cristianismo y acudí al seminario.

Me las arreglé para costear mis estudios universitarios con un préstamo de dos mil dólares, que en comparación con los préstamos actuales es una cifra insignificante. Sin embargo, Arnold Blech lo habría catalogado como una deuda «monstruosa», y yo en realidad sentí como si me hubiera tocado escalar el monte Everest para poder pagarla. Me gradué con un título doble, en Español y Religión. Fui al seminario en 1974 y decidí que no sacaría más préstamos para educación. Había quedado traumatizado. ¿Qué tal que me tocara pagar un préstamo cuantioso tras graduarme del seminario teológico Gordon-Conwell? Decidimos confiar en Dios y luchamos para salir adelante. Mi esposa y yo nos graduamos juntos del seminario en 1978, libres de deudas.

Durante el segundo año de seminario, a los veinticinco de edad, nos las arreglamos para pagar mis préstamos para educación universitaria (un total de dos mil dólares). Los argumentos a favor de los préstamos escolares son bastante contundentes. La mayoría de expertos en finanzas dicen que un grado universitario añadirá a su titular un millón de dólares en ingresos a lo largo de su vida.

Fue en esa época de nuestra vida que definimos la dirección y el impulso que iba a tener. Nos habíamos propuesto vivir libres de deudas. ¿Cómo lo lograríamos? Contábamos con la influencia de Arnold Blech, George Muller, Hudson Taylor y D.L. Moody, pero todavía no había realizado un estudio profundo y riguroso de las Escrituras sobre el tema de la deuda.

En veintisiete años de matrimonio, hemos pedido dinero prestado en cuatro ocasiones: Dos veces por mil dólares, una vez por cinco mil y otra vez por diez mil dólares. Somos dueños de nuestra casa sin haber pagado hipoteca, de nuestros dos automóviles sin haber hecho pagos mensuales (uno tiene doce años y el otro dos, y ambos los recibimos como obsequios). Algunos dirían que la deuda por concepto de hipoteca es algo bueno porque puede deducirse de los impuestos. Lo cierto es que nosotros no tenemos deudas ni salarios.

Trabajamos por un salario solo durante tres años desde que cumplimos los veinticinco. Aparte de eso, hemos sido misioneros por fe sin un salario durante veinticuatro años. Hemos confiado en Dios y en la buena voluntad de la gente que ha creído en lo que hacemos. A veces nuestra fe ha flaqueado, pero Dios ha sido más que bueno con nosotros. Nunca le hemos pedido a nadie apoyo financiero y sabemos que esta es una excepción y no la norma para gente dedicada al ministerio cristiano «no asalariado». Algunos sugieren que uno no debe orar sino decretar que el dinero caiga en sus manos, mientras otros recomiendan no orar por el sustento sino dar con la expectativa de recibir a cambio. Hay unos que dependen de listas de correo inmensas para dar a conocer sus necesidades específicas y recibir a cambio promesas de apoyo. En nuestro caso, Dios nos dio dos instrucciones personales al entrar al ministerio de las misiones:

1. No pedir dinero a nadie.
2. No endeudarnos para hacer el ministerio.

Creemos que hasta ahora hemos sido fieles en cumplir ambos principios. La gente que recibe salario también puede vivir por fe, pero Dios da instrucciones diferentes a cada persona.

Nosotros pagamos todo en efectivo, ¿por qué? Porque así siempre sale más barato. Entiendo lo que algunos dicen, que en el futuro pagaremos las deudas de hoy con dólares más baratos debido a la inflación, y que por ende sacar préstamos no tiene nada de malo. Para muchos esto no tiene «vuelta de hoja», les han enseñado en sus iglesias a «solo pagar en efectivo». A otros les parece que la lección de «pagar solo en efectivo» que otros aprenden en sus iglesias es un extremo innecesario. Lo cierto es que el futuro pertenece a la gente que está libre de deudas y a los ministerios que no incurren deudas. Recuerdo a Harold Ockenga, que pagó en efectivo la propiedad en South Hamilton, Massachussets, para empezar el seminario Gordon-Conwell.

Dentro de cien años, sospecho que el seminario teológico Gordon-Conwell seguirá en el mismo lugar, al igual que las escuelas solventes de la alta sociedad o «Ivy League» que quedan en el mismo vecindario. Todas las escuelas fundadas por Moody también continúan libres de deudas. Yo hice un estudio de los ministerios sostenibles de larga trayectoria en la historia de la Iglesia. Una de las características comunes de todos ellos es que se mantuvieron libres de deudas. Los ministerios endeudados sobreviven en el corto mas no en el largo plazo. Algunos se preguntarán: «¿Cómo puede expandirse un ministerio sin sacar préstamos?» Hablaremos más adelante al respecto.

Después de casarnos, mi esposa Judy me preguntó por qué predicaba tanto sobre asuntos de dinero. Le contesté: «Porque la Biblia habla mucho sobre el tema». Lo paradójico es que me volví uno de esos predicadores que «siempre habla de plata», uno de los que tanto me disgustaban cuando recién me convertí. Algunas de mis ideas sobre el dinero sacadas de la Biblia han cambiado en el transcurso de los años, pero nada en realidad de lo que he aprendido en Proverbios. Hay más versículos bíblicos sobre dinero que sobre el cielo o la oración. Más del treinta y cinco por ciento de las parábolas de Jesús son acerca de dinero. Al considerar lo que se predica en torno a este, la mayoría de los mensajes tratan acerca de dar y ofrendar, otros sobre recibir y unos cuantos sobre vivir libres de las deudas. Los verdaderos extremistas son aquellos que creen que la Biblia dice muy poco sobre el buen manejo del dinero y por eso optan por quedarse callados. Es lamentable que esta sea la impresión que dejan muchos seminarios y universidades cristianos en los estudiantes, puesto que enseñan muy poco acerca de administración del dinero.

Mi esposa venía de una familia con un trasfondo financiero muy interesante. Su papá levantó por sí mismo un negocio muy exitoso en el que pagaba muy poco interés, pero lo ganaba en gran medida. Lo logró al fundar su propia compañía de financiamiento que prestaba carretadas de dinero a diferentes empresas (incluidas muchas iglesias). Las iglesias en particular preocupaban a mi suegro debido a su manejo deficiente del dinero. Cuando murió, su pastor mencionó en su funeral la agudeza que el señor Pace tuvo para los negocios. Por ejemplo, él instó a sus clientes a salirse del mercado de valores varias semanas antes de la caída de la bolsa en 1987.

Judy heredó la sabiduría práctica de su padre en el manejo del dinero (lo cual ha sido de gran bendición para mí). Yo soy uno de esos esposos poco comunes que tiene que pedirle a su esposa que gaste dinero cuando va al centro comercial. ¡De verdad! Por supuesto, nosotros los hombres solo compramos artículos baratos como lanchas, automóviles y palos de golf.

Al examinar nuestra vida, puedo afirmar que la situación financiera no estuvo siempre libre de dificultades. Recuerdo que oré y ayuné durante una semana, en octubre de 1981, para que Dios nos asegurara respaldo y sustento a largo plazo si quería que fuéramos misioneros a tiempo completo. ¿Qué tal si hubiera sido más fácil? La vocación que elegimos como misioneros se presta para un estilo de vida de pobreza en el peor de los casos, y de austeridad con disciplina en promedio. Algunos dirán «Nadie les obligó a tener ese estilo de vida». Hay grandes misioneros que han recibido muy poco o casi ningún apoyo de sus iglesias locales. Tenemos por ejemplo al apóstol Pablo, y dudo que alguien se precipitara a afirmar algo semejante sobre él. El campo misionero rinde muy poco lucro económico, aunque existen algunas excepciones. El caso es que así no sea ideal ni óptimo, es la vida que elegimos. Dios nos enseñó por medio de los años difíciles a manejar nuestro dinero. La Biblia fue nuestra guía básica a través del libro de Proverbios. La ley de Moisés también nos enseñó lecciones valiosas, pero ese es un estudio para otro libro. Además, aprendimos de nuestros errores.

Mi préstamo para estudios universitarios puso a prueba nuestra disciplina en aquellos primeros años. Judy no sacó préstamos para estudio. Entre los veinticinco y los veintisiete años de edad, ganamos alrededor de mil dólares por mes y ahorramos unos cinco mil dólares por mes. No teníamos teléfono ni chequera (pagábamos todo con efectivo) y nunca mantuvimos la nevera llena, pero nos apropiamos de una visión para la buena administración del dinero. Una amiga oraba por nosotros porque cada vez que nos visitaba la nevera estaba vacía. Lee Harvey Oswald corrió por la calle donde estaba nuestro teléfono público después de dispararle al presidente Kennedy. Me pregunto si debimos habernos sacrificado un poco para pagar una línea telefónica propia.

Todo esto lo hicimos para pagar ese préstamo escolar que por fin saldamos, y a medida que pagamos en efectivo por nuestra educación de postgrado aprendimos las bellas artes de la oración y el ayuno bíblicos. Recuerdo que cité muchas porciones bíblicas a Dios durante aquellos días, aunque muchas veces sentí como si los versículos no pasaran del techo.

Debo admitir que recién casados, yo gané mucho menos de mil dólares al mes (más bien entre veinte y treinta dólares por semana). Sin embargo, con eso nos alcanzó para pagar todo. ¿Cómo lo logramos? Vivimos sin pagar arriendo. Desde las cinco de la mañana yo limpiaba pisos con escoba y trapeador para ganarme ese dinero. Ahora que lo recuerdo, era oscuro y nunca me acostumbré a levantarme a las 4 a.m. para llegar al sitio a tiempo. Tal vez debí haber buscado un trabajo mejor.

Mientras fui pastor de nuestra iglesia entre 1978 y 1980, en Nueva Inglaterra, recibí doscientos veinticinco dólares por semana. Acordé esa cifra con la junta de la iglesia. Por supuesto, la iglesia era pequeña y ellos no pudieron pagarme la cantidad completa como una cuarta parte del tiempo, pero tenían buenas intenciones. Algunos me habrían sugerido que me fuera de esa iglesia cuando no me pagaban, pero Dios me dijo que me quedara, y lo cierto es que pude haber hecho un mejor trabajo en enseñarles acerca de cómo manejar el dinero.

En 1980 fuimos a Juventud Con Una Misión (JUCUM), una organización misionera basada en la fe y que no paga a sus trabajadores. Fuimos por fe («en base a la fe» significa ningún salario). Antes de 1980 vivimos por fe durante nuestro paso por el seminario.

La mayoría de la gente que se embarca en el trabajo misionero lo hace después de levantar algunos fondos. Nosotros nos sentimos llamados por Dios y simplemente fuimos. Después de eso aprendimos mucho. Durante mi paso por la universidad viví de la misma manera, pero nunca con un nivel de fe ni dificultades tan grandes como las que hemos tenido en los últimos veintitrés años.

Entre 1980 y 1995 nuestro ingreso varió de un año al otro. Casi siempre estuvimos por debajo del nivel de pobreza de Estados Unidos (alrededor del noventa y cinco por ciento del tiempo). En cierta ocasión tuvimos que «echar dedo» para poder desplazarnos cien kilómetros y llegar a una boda a la que Judy fue vestida con un hermoso atuendo hawaiano. ¿Por qué? No teníamos automóvil. Algunos dirían que esto fue algo bueno porque así pudimos identificarnos con la gente pobre del mundo. No obstante, que yo recuerde nunca nos sentimos pobres ni dejamos de pagar las cuentas, bien fueran pequeñas o grandes.

La vasta mayoría de los quince mil obreros de JUCUM («Jucumeros») que predican alrededor del mundo viven por debajo del nivel de pobreza de Estados Unidos (algunos muy por debajo). Sin embargo, lo cierto es que en la mayoría de las naciones se vive mucho más barato que en los Estados Unidos. He entrevistado a muchos misioneros en cuanto a sus finanzas. El ingreso promedio en la base de JUCUM donde vivo en los Estados Unidos equivale a diez mil dólares anuales, donde la gente se declara en bancarrota si gana unos dieciocho mil. Salomón escribió acerca de la acumulación lenta de riqueza, pero lo triste es que para algunos es demasiado lenta.

Desde 1995 en adelante, nuestro ingreso aumentó por encima del nivel de pobreza. El pastor promedio en Estados Unidos recibió en el 2003 un paquete equivalente a los cuarenta mil dólares anuales, según las encuestas de Barna. Sé de algunos misioneros que reciben ingresos

Proverbios sobre el dinero   **13**

similares, y reconozco que nuestro ingreso está por encima del promedio. Toda esta historia personal que relato aquí es un testimonio de la fidelidad de Dios, tanto en la abundancia como en la escasez.

Ahora bien, el monto de nuestro ingreso cuenta una parte muy pequeña de la historia. Dios nos enseñó mucho. Por ejemplo, Dios nos enseñó que limitar los gastos, fijarse un presupuesto, ahorrar, invertir y dar con generosidad son factores definitivos. La vasta mayoría de los libros sobre administración del dinero enseñan las mismas cosas. La gente triunfa si piensa más en lo que gasta que en lo que gana. La mayoría de la gente piensa más en el ingreso.

Sir John Templeton, fundador de los fondos mutuos de inversión Templeton, aprendió y vivió los mismos principios como joven recién casado. Templeton invirtió o dio el cincuenta por ciento de todos sus ingresos durante muchos años. Esto muestra que es un error esperar hasta que tengamos suficiente para empezar a ahorrar, invertir y dar. Él y su esposa solo vivieron de la mitad de su ingreso, año tras año. Ahora su patrimonio neto se calcula en cientos de millones si acaso no miles de millones de dólares. Dentro de cien años, Templeton todavía será conocido como un genio de las finanzas, y quizá uno de los diez hombres más grandes en la historia de la economía mundial.

En su biografía titulada *From Wall Street to Humility Theology*, Robert Hermann escribe acerca del primer automóvil de Templeton:

John siempre fue consciente de la importancia de ser ahorrativo. Así fue como reconoció la oportunidad de adquirir sus primeros dos automóviles, y con la ayuda de un par de amigos convirtió su sueño en realidad, con una inversión neta de tan solo veinte dólares. De hecho, los primeros cinco autos que tuvo fueron de segunda mano y ninguno de ellos costó más de doscientos dólares. Templeton nunca pagó más por un carro hasta que su patrimonio neto excedió un cuarto de millón de dólares. La austeridad y la búsqueda de gangas siempre fueron de la mano en cada aspecto de la vida de John (p. 125).

Sobra decir que esta no es una buena noticia para los vendedores de autos. Stanley y Danko comentan que entre más horas invierta una persona en buscar automóviles, menos probabilidades tiene de llegar a ser millonario. Este es el tipo de actitudes que hicieron de Templeton un hombre rico y disciplinado. El planeador financiero cristiano Ron Blue escribe que la gente se vuelve acaudalada solo si vive por debajo de sus ingresos durante un período muy largo de tiempo. Blue también escribió acerca de la compra de automóviles y tras un estudio profundo llegó a la conclusión de que el auto más barato que podemos conducir es el que tenemos en la actualidad. Esto con la presuposición de que las personas no estén ya sumidas en el pozo de las deudas antes de empezar a acumular. La gente exitosa invierte el excedente de sus ingresos durante mucho tiempo, y nosotros todavía abrigamos la esperanza de que podremos dejar este mismo legado a los que vienen después de nosotros.

Al escribir estas líneas, el mercado de la bolsa es como un oso rabioso que ha lastimado con sus garras a millones de inversionistas en los últimos tres años. Como alguien que vive en Montana, la metáfora del oso con garras es muy significativa, ya que los osos Grizzli siempre están malhumorados. Por supuesto, también son intimidantes los leones que salen en el canal Discovery.

Yo he perdido suficiente dinero como para tres vidas enteras, pero gracias a las lecciones que Dios nos enseñó en los últimos veinte años pudimos sobrevivir esos embates del mercado y no dejamos de prosperar. Durante aquel tiempo dije una y otra vez: «Cuánto me alegra que la casa ya esté pagada». Sufrimos daños pero Dios nos ayudó. La sabiduría nos ayudó a sobrevivir las tormentas, no siempre a evitarlas. Algunas personas quieren que su fuente primaria de sabiduría espiritual sean los líderes humanos, pero la Biblia es el consejero principal de acuerdo con su propio testimonio (Salmo 119.47-49).

El libro que usted tiene en sus manos no trata acerca de mi esposa y yo, sino sobre la sabiduría de la Biblia en el tema específico del manejo del dinero. La sabiduría es eterna pues Dios la decretó desde antes de los siglos (1 Corintios 2.7). Esta sabiduría de Dios perdurará mucho después que usted, el lector, y yo, el escritor, hayamos vivido en este planeta. La sabiduría de Dios se encuentra en Proverbios. Salomón insta una y otra vez al comienzo de cada uno de los primeros siete capítulos de Proverbios: «Hijo mío, está atento a mi sabiduría... inclina tu oído». Someta a prueba la sabiduría y vea si funciona. Así se dará cuenta de que es un error tratar el libro de Proverbios simplemente como «buena literatura».

Dios ofrece asesoría financiera en Proverbios, y la pregunta que debemos contestar es: ¿Estamos dispuestos a escuchar? Me gustaría poder decir que mi manejo del dinero siempre ha sido equilibrado y correcto, pero en algunas ocasiones he perdido el equilibrio. De joven llegué a un extremo que a nadie recomiendo: Necesité recibir tratamiento odontológico tanto en la universidad como durante mis estudios de postgrado, pero evité al dentista durante todos esos años porque no tenía dinero para pagar las cuentas astronómicas ni seguro de salud para cubrirlas. Mis dientes sufrieron un daño terrible, pero por fin encontré una clínica para gente pobre en la Universidad Tufts. Pagué diez dólares por cada calza y me sacaron todas las muelas de juicio por diez dólares cada una. Años después, mi dentista todavía me dice que mis dientes «sufrieron maltrato» debido a tales intervenciones, y al mirar atrás creo que debí haber pedido prestado el dinero o contar a la iglesia sobre la necesidad que tenía. Sufrí por mi orgullo, por torpeza o por una presunción falsa de que Dios me protegería la dentadura. En cualquier caso, lo cierto es que he tomado varias decisiones financieras malas, y aunque gracias a Dios mi situación financiera es buena en la actualidad, mis dientes siguen en problemas.

Tampoco tuvimos seguro de salud ni de vida hasta después de los treinta y cinco años, por razones financieras. Bueno, eso fue necio de nuestra parte y también mentalidad de pobre. Un porcentaje muy grande de personas que ganan más de cincuenta mil dólares al año no tienen seguro de salud. Es algo que NO recomiendo.

Cuando pienso en mi propia historia, me siento como un hombre que ha vivido dos vidas, una pobre y otra no pobre.

Me enfrento a las cuestiones de dinero con un sesgo que admito de antemano, como lo haría cualquier otra persona. Tomo la Biblia en serio y me pronuncio con base en esa opinión. Hay otros que también toman la Biblia en serio pero están en desacuerdo conmigo, y a ellos les digo que reconozco nuestras diferencias pero les ruego que continúen la lectura.

Recuerdo que al principio de mi experiencia cristiana sentía cierta antipatía hacia las ofrendas que se recolectaban en la iglesia. Evitaba la iglesia porque sentía que todo lo que querían era mi dinero (no que lo tuviera en aquel tiempo). No sabía entonces lo que sé ahora. La Biblia habla sobre dinero de principio a fin, y ofrendar es solo uno de los muchos temas que Dios trata. Ahora mi meta es nunca dejar que el plato de la ofrenda pase frente a mí sin darle algo a Dios. Salomón escribió que la generosidad es sabia y que no genera pérdidas.

Varias personas han captado mi enseñanza sobre el dinero y han tenido reacciones diversas. Recuerdo a un estudiante que hace unos años le mostró las notas que tomó en mi clase a un vicepresidente del Banco Mundial. Su respuesta me dejó sorprendido, pues le dijo a mi amigo: «Mira, si todos hiciéramos lo que este hombre dice, el mundo estaría en una condición económica mucho mejor». Si consideramos la precaria situación en que ha estado el Banco Mundial en varias ocasiones, no estoy seguro si ese respaldo sería beneficioso o perjudicial.

Las personas que no viven en los Estados Unidos han descartado gran parte de mi enseñanza pues afirman que solo se aplica a los estadounidense o a la cultura occidental. ¿Y qué si ese es el caso? Mi respuesta a ellos es que no aprendí esto de un estadounidense ni de un occidental. Lo aprendí de un judío en Medio Oriente que ni siquiera vivió en nuestro milenio. Por supuesto, la idea de mezclar los temas de judaísmo y dinero puede espantar a otros cuantos, pero considere lo siguiente: Un tercio de todos los multimillonarios en los Estados Unidos son judíos, mientras que los hogares con ingresos no mayores a cincuenta mil dólares anuales son no judíos, el doble de esa cantidad, y el porcentaje de los que tienen ingresos por debajo de los veinte mil dólares es dos veces menor que la población judía en el país (*The Jewish Phenomenon*). Necesitamos escuchar a los judíos en materia de dinero, porque el antisemitismo llevará a muchos a la ruina literal.

En cuanto al formato y el contenido del libro, empiezo con una revisión de la literatura sapiencial y el movimiento de sabiduría en la era del Antiguo Testamento. Después procedo a un estudio sistemático de Proverbios enfocado en diversas categorías que tocan temas económicos. Suministraré detalles prácticos y estadísticas en cada categoría a partir de mis lecturas realizadas durante muchos años. Concluyo con algunas elucidaciones prácticas que he acumulado con el paso del tiempo y con un apéndice de lecturas recomendadas, sitios en Internet y otros recursos útiles.

Que Dios le bendiga en su lectura de este libro.

Ron Smith
Mayo 2003

Proverbios sobre el dinero

INTRODUCCIÓN

«Y para oír la sabiduría de Salomón venían de todos los pueblos y de todos los reyes de la tierra, adonde había llegado la fama de su sabiduría».
1 Reyes 4.34

Imagine que ciertas personas que se reúnen en la sala de su casa saben mucho de dinero. De hecho, son expertos en el tema y lo dominan tanto a nivel práctico como teórico. Los primeros tres son muy ricos, porque lo cierto es que nadie quiere aprender a manejar el dinero de gente pobre. Suponga que se trata de Bill Gates (el hombre más rico en los Estados Unidos), Warren Buffett (el inversionista de acciones más exitoso en la historia), y por último Sir John Templeton (el primer fundador exitoso de fondos de inversiones internacionales).

Además de ellos, se encuentran presentes algunos personajes de los medios que harán divertida e interesante la ocasión, como Suze Orman, Dave Ramsey y Bob Brinker. Cada uno de estos seis expertos en cuestiones de dinero dará consejos diferentes. Gates hablaría sobre el poder de la innovación. Buffett hablaría sobre evitar los atajos y los trucos para obtener riquezas fáciles y rápidas. Templeton recomendaría invertir en compañías extranjeras. Suze Orman hablaría sobre las emociones que conlleva el manejo del dinero. Dave Ramsey cortaría en pedazos sus tarjetas de crédito y Bob Brinker le ayudaría a mantener seguro su dinero.

Lo más maravilloso de esta visita es que todas estas personas han venido a ayudarle con sus finanzas. ¿Por qué querrían ellos brindar tal ayuda? Quizás sean filántropos, y vamos a suponer que vinieron de forma gratuita. Ni siquiera podríamos empezar a pagar por su tiempo, pero ellos hasta han traído ejemplares gratuitos de todos sus libros y publicaciones para que usted los lea.

Me imagino que todos prestaríamos mucha atención a lo que nos dijeran, porque sus trayectorias no mienten. Sería muy necio no escucharlos. Supongo que nos sentiríamos un poco nerviosos en su presencia por muchas razones. Son personas que demandan respeto por un precio muy alto y lo reciben en todas partes. Ahora los tenemos a nuestra disposición sin costo alguno y no queremos hacerles perder su tiempo sino respetarlos como lo merecen.

Sería un error creer que el dinero les llegó del cielo. Estas son personas que hacen las cosas de manera diferente al resto de la gente, es por eso que son ricos. La Biblia diría que han manejado el dinero con sabiduría.

Hay un hombre que falta en este grupo especial de asesoría. ¿Quién será? Su riqueza supera la de todos los demás, aunque no montó en Rolls Royce sino en caballo y sus retratos habrían sido esculpidos en piedra. Sus padres le dieron dos nombres al nacer. Uno de ellos fue Jedidías Ben David que traducido significa «Amado del Señor». Su otro nombre era Salomón y fue rey de Israel. Salomón fue conocido por la sabiduría que Dios le dio, sus riquezas incalculables y más adelante por su caída en la vida.

Necesitamos atender la sabiduría de Salomón en cuanto a la riqueza y el manejo del dinero. La Biblia dice que fue el rey más rico que jamás vivió, y que tenía una sabiduría tan grande que superaba a todos los hombres sabios de su tiempo. ¿Haría alguna diferencia si la Biblia dijera que no tenía sabiduría en absoluto? ¿Acaso acudiría alguien a él para escucharlo?

En seminarios y universidades cristianas se enseñan muy pocos cursos sobre manejo de las finanzas. Los pastores y líderes de la iglesia necesitan atender el consejo de Salomón tanto como cualquier otra persona.

Si Bill Gates hiciera alguna sugerencia, la consideraríamos con seriedad antes de tomar una decisión financiera que vaya en contravía. Si Warren Buffett o John Templeton nos hablaran sobre inversiones, nos conviene escucharlos. Salomón habla una y otra vez en las Escrituras, haremos bien en escucharlo. Él no tendrá reserva alguna para enseñarnos porque jamás podremos competir con su riqueza.

Proverbios sobre el dinero

Salomón no solo fue un rey sabio y rico. La Biblia nos dice que Dios le dio tanto la sabiduría como el dinero. Salomón escribió la mayoría de los capítulos en el libro de Proverbios. Más nos vale prestarle toda nuestra atención. La pregunta es más bien a quién se le ocurriría no escuchar su enseñanza. Por supuesto, es posible que un musulmán o un antisemita opte por desatender los dichos de Salomón.

Si no creemos en la inspiración de la Biblia llegaremos a conclusiones erróneas sobre él. Muchos podrán preguntarse si su historia es del todo verídica.

La Biblia enseña que recibimos sabiduría como resultado de buscarla y seguirla, y también por nuestra actitud de respeto hacia Dios. ¿Qué pasaría si la sabiduría no estuviera a nuestra disposición? ¿Cuán perdidos estaríamos? La actitud es con frecuencia el factor que determina nuestro aprovechamiento de las Escrituras. Salomón nos escribe que debemos buscar la sabiduría con todo nuestro corazón. Su padre David escribió en el Salmo 119 que deberíamos deleitarnos en la sabiduría de Dios. La sabiduría capta nuestros afectos y debería gobernar nuestra conducta. Leer acerca de la sabiduría y desobedecer es necedad: «¡Oh, cuánto amo yo tu ley! Todo el día es ella mi meditación» (Salmo 119.97).

Durante el tiempo de Salomón, se extendió un movimiento internacional sapiencial por los palacios y demás lugares de preeminencia mundial. Los reyes de todas partes querían contar con la asistencia de consejeros sabios, y el movimiento se caracterizó por tres elementos: Lectura profusa, instrucción por parte de los padres de familia y consejos para el buen juicio. Para una muestra, los reyes de Babilonia siempre mantuvieron muchos consejeros en su corte como lo muestra el libro de Daniel.

La Biblia nos dice:

> *Y Dios dio a Salomón sabiduría y prudencia muy grandes, y anchura de corazón como la arena que está a la orilla del mar. Era mayor la sabiduría de Salomón que la de todos los orientales, y que toda la sabiduría de los egipcios. Aun fue más sabio que todos los hombres, más que Etán ezraíta, y que Hemán, Calcol y Darda, hijos de Mahol; y fue conocido entre todas las naciones de alrededor... Y para oír la sabiduría de Salomón venían de todos los pueblos y de todos los reyes de la tierra, adonde había llegado la fama de su sabiduría* (1 REYES 4.29-34).

Si fuéramos antiguos egipcios o ezraítas, nos habría dejado muy impresionados la sabiduría de Salomón. La reina de Sabá recorrió cientos de kilómetros para experimentar en vivo y en directo la sabiduría de Salomón. Nos podríamos preguntar qué quiso ella recibir de él. Si solo aspiraba a recibir sabiduría, su interés fue mayor que el de muchos cristianos que ni siquiera están dispuestos a viajar media hora para ir a la iglesia a recibir un buen estudio bíblico. En opinión de ella, la sabiduría de Salomón excedía en gran medida su reputación. Su sabiduría enseñaba las habilidades necesarias para una vida buena y exitosa. Más tarde, Salomón mismo le dio la espalda a su propia sabiduría y por eso sufrió.

Salomón nos habló al comienzo del libro sobre su propósito para poner los Proverbios por escrito. Dijo que la razón de ser de los Proverbios era «para entender sabiduría y doctrina, para conocer razones prudentes, para recibir el consejo de prudencia, justicia, juicio y equidad; para dar sagacidad a los simples, y a los jóvenes inteligencia y cordura». Sabía muy bien que los necios no lo acatarían, pero también es evidente que Salomón creía que muchas personas se beneficiarían de su sabiduría y la necesitaban con urgencia.

Proverbios es una colección de dichos, en su gran mayoría de Salomón pero también de otros hombres sabios e inspirados por el Espíritu Santo. No se trata de promesas incondicionales de Dios sino de observaciones inspiradas que se basan en las experiencias de la vida. Son advertencias y exhortaciones. Algunos Proverbios contienen verdades eternas mientras otros aluden a la cultura del Antiguo Testamento.

Los Proverbios son verdades dichas en pocas pero contundentes palabras que a nadie aburren y en ocasiones entretienen. El perezoso es comparado a una puerta que gira sobre su bisagra cada vez que se da la vuelta en su cama. Salomón se propuso que los lectores tuvieran un tiempo de meditación y reflexión tras leer cada verso. El libro no fue diseñado para la lectura rápida, pues como dice Proverbios, el hombre sabio considera con detenimiento el camino que emprende. Esto sería muy difícil con una lectura «a vuelo de pájaro». Las páginas de Proverbios están llenas de personajes sabios y necios que Salomón y los demás escritores presentan en contrastes vívidos. Tales comparaciones fuertes y rotundas nos ayudan a enfocar nuestra mente en imitar la sabiduría. Los sabios hacen todo lo que hace la sabiduría en Proverbios. El amor a la sabiduría motiva al lector a la obediencia al llamarle «hijo mío» o «mis hijitos». Los libros de computación y los manuales de automóvil carecen de vida y a duras penas enseñan el «cómo hacer», pero su lectura es útil y hasta amena para alguien que necesite con desesperación la instrucción que contienen. ¿Será que no tenemos desesperación suficiente para consultar la sabiduría de Salomón en cuanto al manejo del dinero? ¿Qué tal que Proverbios fuera un libro aburrido? Proverbios revela el corazón que late tras las instrucciones de «cómo hacer». Una y otra vez el escritor dice «hijo mío» y esto hace evidente el amor tanto paternal como maternal en Proverbios. Salomón hace varios contrastes entre la boca y el oído a lo largo del libro. Nos advierte en cuanto a la boca y por lo general elogia los oídos. Nos dice que escuchemos mucho y hablemos poco.

Nuestra postura correcta para recibir sabiduría es mantener la boca cerrada y los oídos bien abiertos. ¿Por qué querríamos recibir algo distinto a la sabiduría de Dios como guía en nuestras finanzas? Salomón escribe: «El que anda con sabios, sabio será; mas el que se junta con necios será quebrantado». En este libro vamos a escuchar a los hombres sabios de Proverbios y a seguir sus pasos. Vamos a madurar conforme a su ejemplo e imitaremos su sabiduría con nuestras acciones. Este proceso de crecimiento y maduración es lento, pero dentro de cien años nos sentiremos muy satisfechos de haberlo emprendido.

Me encontraba en una playa de Hawai en 1982. El sol estaba radiante y las olas del Pacífico se veían hermosas. Pensé en las luchas ministeriales por conseguir dinero que había visto en mis once años como cristiano. Consideré la cantidad de ministerios que compraban diferentes artículos y quedaban esclavizados por los pagos de la deuda. Encadenarse a un banco no es la idea de bendición que tiene Dios porque el bendecido es el banco, no el ministerio. Mientras meditaba en la situación de los diversos ministerios que conocía, empecé a pensar: «Debe haber una manera mejor de hacer las cosas que todo lo que he visto hasta ahora». ¿Qué tal que esa fuera la mejor aspiración financiera de un ministerio? Traté de dilucidar las respuestas que Dios podría tener disponibles para estos grandes ministerios. Pensé que en alguna parte debía existir una sabiduría que pudiera aplicarse a estos ministerios para transformarlos. Al mismo tiempo, este pensamiento capturó mi mente: «La sabiduría de la Biblia está en el libro de Proverbios».

Decidí en ese mismo instante hacer un estudio profundo de Proverbios. Recuerdo las primeras lecturas que hice. Leí la Biblia de Referencia Thompson con cadena temática una y otra vez. Hice muchas lecturas y anoté los diversos temas. Necesitaba encontrar la verdad. Observé que había menos de veinte categorías en la sabiduría de Proverbios que tratan el tema específico del dinero. Junté todos los versículos relevantes bajo cada categoría y empecé el proceso lento de meditar en las Escrituras. Eso fue en 1982, y ahora es 2003. Después de todo, Proverbios es un libro con tres mil años de antigüedad. Por ende, veintiún años es un período muy breve para meditar en él. Gracias a Dios, su sabiduría nunca cambia. Yo no he dejado de meditar en estos diferentes aspectos de la sabiduría divina.

La sabiduría con el dinero me recuerda una historia contada por el legendario comprador y vendedor de acciones y genio financista de Wall Street, Victor Sperandeo. En los círculos financieros es conocido como «Trader Vic», y cada vez que lo veo recuerdo al personaje interpretado por James Garner en aquel programa de televisión llamado «Maverick». Es una anécdota del mundo de las apuestas, pero por favor no la descarte por esa razón. La historia se titula «El secreto del Gamboni»:

Joe era un buen jugador de cartas. Era tan bueno, que tenía que trasladarse de una ciudad a otra y encontrar jugadores que no lo conocieran para arriesgar cantidades más grandes. Cierta tarde en un bar ubicado en los suburbios de Chicago, empieza a hablar con el cantinero y pregunta de manera casual:

—Oye, ¿conoces un buen lugar donde se pueda jugar a las cartas?

—¿De qué clase de apuestas me habla?

—Las que más cuesten —responde Joe cauteloso—, quiero jugar con los apostadores más arriesgados de este lugar.

—Pues he oído que hay una partida que se juega en las afueras de la ciudad. Es un poco lejos pero estos granjeros en particular juegan grandes cantidades de dinero. Déjeme hacer una llamada para ver si lo dejan jugar.

El cantinero hizo la llamada y después le dio las instrucciones a Joe.

Esa misma noche, después de recorrer una gran distancia, Joe llega a un granero en medio de un lugar desolado. Entra con un poco de vacilación y evita un montón de estiércol que hay en el piso. En la parte trasera del granero alcanza a ver una puerta medio abierta de la cual emana humo y una luz mortecina. Joe siente una emoción electrizante al entrar al lugar y presentarse.

Los granjeros en sus overoles están sentados mientras mastican sus cigarros y echan humo por sus pipas. Con una mirada furtiva, Joe calcula que la apuesta del momento está alrededor de los cuarenta mil dólares. Perfecto, se dice a sí mismo. Después de acomodarse en su asiento un granjero le dice: «Muestre su apuesta». Así es como Joe empieza a jugar.

Como una hora más tarde, Joe se mantiene a la defensiva y no pierde ni gana hasta que saca tres ases y dos reinas para ganar la partida. Aunque la cantidad apostada ya era bastante alta, él decide elevarla con quince mil dólares más. Dos jugadores se retiran, pero el granjero con rostro curtido que está al otro lado de la mesa acepta el reto y apuesta otros quince mil dólares sin siquiera parpadear. Joe está seguro de que la tiene ganada y que el granjero solo trata de engatusarlo, así que confirma la apuesta y muestra su mano ganadora con tres ases. El granjero también muestra lo que tiene y no se compara: Tres bastones y dos diamantes con cartas de números dispares. Joe se controla para no soltar una carcajada y empieza a recolectar el botín.

—Espérese un minuto —dice el granjero con tono amenazante y serio.

—Cómo es esto, usted debe estar equivocado —le dice Joe—, sus cartas no les ganan a las mías.

—Mire el aviso que está ahí al lado de su hombro derecho —dice el granjero mientras sonríe.

Joe lee el aviso que dice:

TRES BASTONES Y DOS DIAMANTES CONSTITUYEN UN GAMBONI, LA MÁXIMA MANO GANADORA EN ESTE ESTABLECIMIENTO.

Por supuesto, Joe se enoja mucho pero al final acepta que las reglas son las reglas, así que continúa jugando con lo que le queda de sus posesiones. Como una hora más tarde saca tres bastones y dos diamantes... ¡un gamboni! Lo apuesta todo y en la última ronda con el mismo granjero de cara curtida tiene que poner su costoso reloj de lujo para responder a su apuesta. El granjero muestra sus cartas y es una serie de espadas que culmina en la reina. Joe muestra a todos su gamboni y empieza a recolectar el botín.

—No tan rápido, amigo —dice el granjero con una sonrisa que deja arrugas profundas en sus mejillas.

—Pero mire, ¡tengo un gamboni! —exclama Joe con exasperación.

—Sí yo sé, pero lea lo que dice el aviso —dice mientras señala encima del hombro izquierdo de Joe.

Joe lee lo que dice:

SOLO SE PERMITIRÁ UN GAMBONI POR NOCHE EN EL ESTABLECIMIENTO.

Joe sale de allí en la quiebra, pero agradecido por el invento de las tarjetas de crédito, sale de la granja con excremento en sus zapatos mientras el granjero se va en su tractor contento y sintiendo en su muñeca el peso de un reloj Rolex de oro puro.

En conclusión, el secreto del gamboni es este: Si usted quiere ganar, tiene que saberse las reglas (*Methods of a Wall Street Master*, Victor Sperandeo, pp. 1, 2, Wiley Press).

Joe fracasó aunque la verdad de las reglas del juego en aquel establecimiento estaban expuestas a la vista de todos. Imagine que los granjeros le hubieran engañado de algún modo. Sospecho que habría habido una pelea fea a puño limpio.

Para triunfar en el manejo de las finanzas (como Dios manda), debemos conocer las reglas del juego (en el «establecimiento» de Dios). El escritor de Proverbios declara: «Mi boca hablará verdad» (8.7).

Alianzas inicuas

CAPÍTULO 1

«El cómplice del ladrón aborrece su propia alma;
pues oye la imprecación y no dice nada».
PROVERBIOS 29.24

¿Por qué se involucraría un cristiano en una alianza inicua? A veces por un intento deliberado, otras veces por pura ignorancia.

La anécdota del gran robo del tren sirve para ilustrar esta verdad. Sucedió en Cheddington, Inglaterra, el 8 de agosto de 1963:

> En un complot detallado y preciso en materia de segundos, doce ingleses enmascarados se reunieron en un lugar previamente acordado en dos jeeps Land Rover, un camión militar de tres toneladas, dos jaguares deportivos y una motocicleta. Cambiaron con rapidez las señales del ferrocarril, y como un reloj suizo el tren del correo entre Glasgow y Londres se detuvo justo frente a ellos. En menos de cuarenta y cinco minutos huyeron con 7.368.715 dólares en efectivo. A pesar de lo impecable de su plan, los ladrones estropearon el delito perfecto porque olvidaron limpiar sus huellas digitales en una vivienda cercana donde pernoctaron. Ahora cumplen una sentencia combinada de unos trescientos años. Hasta ahora solo se ha recuperado menos de un millón de dólares del botín (*The Book of Lists*, David Wallechinsky, p. 54).

Proverbios trata en profundidad el tema de los robos «menores» y sus peligros. Salomón empieza su libro hablando sobre la compañía de la gente malvada. Si usted alguna vez ha sido cómplice ingenuo de un ladrón sabe exactamente hacia dónde va este capítulo. Cuesta abajo y rápido.

Por supuesto, lo último que un ladrón quiere que aprendamos es lo que Salomón nos enseña en Proverbios 1.10-19:

> *Hijo mío, si los pecadores te quisieren engañar, no consientas. Si dijeren: Ven con nosotros; pongamos asechanzas para derramar sangre, acechemos sin motivo al inocente; los tragaremos vivos como el Seol, y enteros, como los que caen en un abismo; hallaremos riquezas de toda clase, llenaremos nuestras casas de despojos; echa tu suerte entre nosotros; tengamos todos una bolsa. Hijo mío, no andes en camino con ellos. Aparta tu pie de sus veredas, porque sus pies corren hacia el mal, y van presurosos a derramar sangre. Porque en vano se tenderá la red. Ante los ojos de toda ave; pero ellos a su propia sangre ponen asechanzas, y a sus almas tienden lazo. Tales son las sendas de todo el que es dado a la codicia, la cual quita la vida de sus poseedores.*

Proverbios advierte en contra de hacer planes ambiciosos y violentos para hacerse al dinero. Dios insta al lector a mantenerse alejado de tales patrañas y de aquellos que las inventan para obtener ganancias fáciles. La Biblia enseña que debemos sacar esas ardides a la luz y denunciar a los que las idean.

Los hermanos de José conspiraron para venderlo como esclavo. Judas conjuró con los líderes religiosos de su tiempo y vendió a Jesús para conducirlo a una muerte violenta. Salomón explica las trampas monetarias de las relaciones adúlteras. Los cristianos hacen bien en acatar esta advertencia contra el adulterio. El adulterio puede arruinar una cuenta bancaria. Años atrás, cuando un ministerio reconocido fue expuesto debido al adulterio, recuerdo que le dije a un amigo: «Ahora mira qué le pasa a todo su dinero». Poco después, aquel hombre fue sentenciado por fraude y terminó en la cárcel. Su manejo inicuo del dinero se vinculó a su adulterio. Salomón escribe en Proverbios 5.1-11:

Alianzas inicuas

> *Hijo mío, está atento a mi sabiduría, y a mi inteligencia inclina tu oído, para que guardes consejo, y tus labios conserven la ciencia. Porque los labios de la mujer extraña destilan miel, y su paladar es más blando que el aceite; mas su fin es amargo como el ajenjo, agudo como espada de dos filos. Sus pies descienden a la muerte; sus pasos conducen al Seol. Sus caminos son inestables; no los conocerás, si no considerares el camino de vida. Ahora pues, hijos, oídme, y no os apartéis de las razones de mi boca. Aleja de ella tu camino, y no te acerques a la puerta de su casa; para que no des a los extraños tu honor, y tus años al cruel; no sea que extraños se sacien de tu fuerza, y tus trabajos estén en casa del extraño; y gimas al final, cuando se consuma tu carne y tu cuerpo.*

El adulterio ocasiona divorcios, y el divorcio es una de las cinco causas principales de bancarrota en Norteamérica. La profesora de la escuela de leyes de Harvard, Elizabeth Warren, y los profesores de leyes Teresa Sullivan y Jay Westbrook de la Universidad de Texas afirman: «Un hallazgo recurrente y durable entre los expertos en bancarrota es que el divorcio está vinculado directamente con la quiebra económica» (*The Fragile Middle Class, Americans in Debt*, Sullivan, Westbrook y Warren, p. 173). Además descubrieron que el 63% de los solteros que se declaran en bancarrota son divorciados (Ibíd., p. 184). Lo más lamentable es que tanto inocentes como culpables sufren daños financieros a raíz del divorcio. Si usted se ha divorciado, casi puedo escucharle decir «amén».

Estas estadísticas son una declaración tan contundente como el libro de Proverbios sobre la necesidad absoluta de fidelidad sexual en un matrimonio.

Los profesores Thomas Stanley y William Danko encontraron que también es cierto todo lo opuesto a los hechos anteriores. En 1996, Stanley y Danko escribieron un libro de gran popularidad que se mantuvo varios meses en la lista de éxitos de venta del *New York Times*. El título de su libro es *The Millionaire Next Door*. Estudiaron a más de mil millonarios a lo largo y ancho de los Estados Unidos entre 1990 y 1995. Llegaron a varias conclusiones sorprendentes sobre la vida de la gente acaudalada, por ejemplo: «Se casó una sola vez y sigue casado con la misma mujer» (*The Millionaire Next Door*, Stanley y Danko, p. 3). Me pregunto cómo evaluarían la vida de Salomón en ese sentido.

Aunque él dispensó consejos sabios acerca del dinero, más adelante vivió como un necio.

El rey Salomón escribió hace mucho tiempo que los extraños se llevarían a manos llenas la riqueza de la gente que comete infidelidad sexual. Esto debería ser advertencia suficiente para nosotros en cuanto a la vida dura que a uno le espera como resultado de tal experiencia. Los profesores de leyes Sullivan, Warren y Westbrook lo confirman con su estudio de la gente que se declara en bancarrota en los Estados Unidos. Danko y Stanley lo confirman con su estudio de la gente rica y su estilo de vida. Cuídese mucho de una alianza inicua que se establece como resultado de la infidelidad sexual, porque es una manera segura de romper la alcancía en mil pedazos.

Tenemos que preguntarnos cuáles serán las implicaciones financieras para la iglesia episcopal en los Estados Unidos como resultado de su ordenación de un obispo homosexual. Si mi lectura de Proverbios es correcta, mi predicción es que esa iglesia sufrirá repercusiones en sus finanzas.

La Biblia enseña de forma reiterada que la gente se hace daño a sí misma como resultado de involucrarse en alianzas inicuas. De tapa a tapa vemos este principio en operación. Permítame presentarle algunos casos: Josafat se alió con Acaz para hacer guerra, y Dios destruyó gran parte de su riqueza; Lot se asoció con el rey de Sodoma y casi perdió su vida; Josué se dejó engañar por los moradores de Gabaón, y la nación de Israel pagó por ese error durante varios siglos que culminaron en hambruna.

Al parecer, varios ministerios que se han asociado con entidades inicuas han salido perjudicados. A veces lo hicieron a sabiendas y en otros casos por ignorancia. Muchos ministerios han perdido cientos de miles de dólares al permitir que un inversionista inicuo maneje su dinero. ¿Cómo podemos evitar ese error? Prestando mucha atención al carácter de la gente.

La Biblia habla del carácter con mucha seriedad. Necesitamos evaluar el carácter para establecer tratos financieros con la gente. ¿Qué aspectos específicos debemos considerar? La Biblia nos ofrece varias claves.

La fidelidad en los detalles pequeños demuestra fidelidad en contextos más amplios. Jesús lo dijo en Lucas 16. Esto es puro sentido común. Aprenda el abecedario antes de empezar a leer libros. Es interesante que los fariseos desdeñaran la importancia que Jesús asignó a la administración del dinero.

Para hacer una aplicación práctica de este principio, podríamos plantear las siguientes preguntas:

1. ¿Esta persona paga sus cuentas a tiempo? Conozco algunos ministerios que siempre se demoran en pagar.
2. ¿Da con generosidad a la obra del evangelio?
3. Si surge algún problema con un producto o servicio, ¿lo reconocen sin problema y lo reemplazan con su propia cuenta?
4. ¿Dicen la verdad al describir un producto que venden?
5. Si el producto es usado muestran las imperfecciones, las holladuras o los rayones que vienen como resultado de su uso y desgaste normal?

Estas preguntas pueden parecer entrometidas y quisquillosas, pero es importante que definamos el carácter de la gente. El famoso motivador Tony Robbins perdió $750.000 dólares por contratar a un socio sin integridad de carácter en las finanzas. Esto le sucedió, según escribió él mismo, porque no le había hecho un examen para verificar su carácter antes de contratarlo.

El primer capítulo de Proverbios arroja luz sobre el carácter y la exhortación para todos nosotros es que *no andemos* «en camino con ellos» (1.15). Mantengámonos a distancia de los ladrones.

La Biblia enseña que la gente digna de confianza requiere menos supervisión en la administración del dinero. Josías reparó la casa del Señor y recolectó una ofrenda del pueblo de Dios para remunerar a los trabajadores. Leemos en el segundo libro de los Reyes que Josías da la siguiente instrucción: «Y que no se les tome cuenta del dinero cuyo manejo se les confiare, porque ellos proceden con honradez» (2 Reyes 22.7).

La honestidad fomenta la eficiencia laboral (por eso no sorprende que uno se demore tanto en conseguir visa para entrar a naciones infestadas de corrupción). Josías conocía a las personas en quienes podía confiar y por eso les permitió que continuaran con sus labores sin necesidad de supervisarlos a través de un microscopio. Por ejemplo, yo establecí un negocio de treinta mil dólares con la organización *Living Bibles International* con un solo apretón de manos. ¿Por qué? Porque sentí que eran dignos de confianza, y lo fueron. Judas Iscariote hizo todo lo contrario a lo demostrado por la gente de Josías, pues desfalcó los escasos fondos de los discípulos y Jesús sabía que era un traidor y su pérdida fue eterna.

Salomón nos advierte que esto es peligroso y por eso debemos mantenernos alejados de gente inicua que nos dice: «Tengamos todos una bolsa» (1.14). Esto implica que sí necesitamos conocer muy bien el carácter de la gente con quien trabajamos en el ministerio o en los negocios. Pablo instruye a Timoteo que someta a la gente a prueba antes de colocarla en puestos de responsabilidad (1 Tim. 3). Pruebe a la gente con tareas pequeñas antes de asignarles otras. ¿Es esa persona fiel en limpiar el santuario después de los cultos de adoración? Asegúrese de que pase esa prueba antes de darle la llave del templo o el código de acceso a las cuentas bancarias.

¿Cómo podemos aplicar este principio en nuestro trato con el mundo? Obsérveles de cerca. Pregunte en varias partes acerca de su desempeño en el pasado. No se conforme con lo que dicen sus propios papeles y declaraciones. Consulte con la oficina central de negocios éticos (BBB o *Better Business Bureau*). Mucha gente trata el manejo del dinero a la ligera. Jesús dijo: «Donde esté tu tesoro, allí estará también tu corazón».

Vaya a hablar con la gente del banco y se sorprenderá al ver lo mucho que los banqueros saben acerca de la comunidad. Con frecuencia, están justo en medio de la acción económica y son protagonistas de los principales sucesos. ¿Por qué? La comunidad es la que pide prestado su dinero todo el tiempo. Yo vivo en un pueblo con menos de dos mil personas, y me admiro al ver cuánto sabe el banco acerca de todos los negocios y habitantes del pueblo. Estoy seguro de que los empleados bancarios sonríen al leer estas líneas, porque a veces saben más de lo que quisieran.

Dígale al banquero que está pensando en hacer negocios con una persona o negocio, y que necesita una referencia confidencial pero no oficial. Observe con atención la reacción no verbal inmediata del banquero. Si se le ilumina el rostro, es probable que las condiciones sean óptimas. Si parece incómodo y termina cada comentario positivo con «por otro lado» o alguna frase similar, tenga cuidado. Los banqueros pueden funcionar como la cuarta persona de la deidad en algunas comunidades, ya que todo lo saben, todo lo ven, todo lo oyen y no puede negarse que todo lo pueden. Ellos son los que manejan tras bambalinas las cuerdas que abren o cierran la bolsa del dinero. Apóyese en ellos y dependa de la información que le suministren.

Dios condena la codicia

CAPÍTULO 2

> «Se apresura a ser rico el avaro,
> y no sabe que le ha de venir pobreza».
> PROVERBIOS 28.22

> «Alborota su casa el codicioso;
> mas el que aborrece el soborno vivirá».
> PROVERBIOS 15.27

La codicia destruye familias e individuos. Tal vez le resulte difícil establecer una conexión entre la codicia y la destrucción de una familia, pero yo lo vi de primera mano como pastor. Un hombre muy generoso a quien llamaré Jorge murió en un accidente trágico. Sus hijos no siguieron su ejemplo de generosidad, y dos semanas después de su muerte su viuda llegó a llorar a la puerta de nuestra casa, y nos dijo que tendría que conseguir un abogado para dividir la herencia porque los hijos habían empezado a pelearse por el dinero.

Los investigadores James Patterson y Peter Kim escribieron *The Day America Told The Truth*, y para ello encuestaron a dos mil norteamericanos de costa a costa en 1992. Al final de su estudio descubrieron algunas actitudes inquietantes.

Los autores concluyen el libro con un capítulo titulado «Cincuenta y cuatro revelaciones». Esta es la revelación #50:

> «Estados Unidos se ha convertido en un país más codicioso, agresivo, frío y egoísta. Esta no es una especulación subjetiva sino el consenso deliberado del pueblo norteamericano» (Ibíd., p. 238).

Ellos plantearon la siguiente pregunta: «¿Estaría dispuesto a hacer cualquiera de estas cosas a cambio de diez millones de dólares?» Las dos terceras partes de los encuestados accedieron a hacer por lo menos una (y otros varias) de las siguientes cosas:

◇ Abandonar a toda su familia (25%)

◇ Salirse de su iglesia (25%)

◇ Dedicarse a la prostitución durante una o más semanas (23%)

◇ Renunciar a la ciudadanía estadounidense (16%)

◇ Dejar a su cónyuge (16%)

◇ No testificar en un juicio y así permitir que un homicida quede en libertad (10%)

◇ Matar a un extraño (7%)

◇ Cambiar de raza (6%)

◇ Someterse a una operación para cambio de sexo (4%)

◇ Ofrecer a sus hijos en adopción (3%) [Ibíd., p. 66]

El Imperio Romano cayó a causa de este tipo de actitudes. El profeta Jeremías escribió que el corazón es malvado y perverso a más no poder. Esto es algo que vemos claramente reflejado en la encuesta anterior. Ahora bien, los cristianos en Norteamérica dan respuestas correctas en cuanto a manejo del dinero. Por un lado, el dinero no es tan importante para ellos cuando son encuestados al respecto, pero por otro lado viven de manera muy diferente a como respondieron en la encuesta. De hecho, hacemos lo mismo que el mundo con nuestro dinero, excepto que damos el dos por ciento de nuestros ingresos a la obra de Dios (*Boiling Point*, George Barna), mientras que los judíos en Estados Unidos dieron el cuatro por ciento a obras de caridad (Silberger, pp. 39-42).

La codicia se hace evidente en maneras poco usuales, por medio de nuestros apetitos por ciertas cosas. Después de todo, la codicia es una actitud y un apetito. Yo creo que es un monstruo que se instala en nuestros corazones desde el nacimiento.

Un profesor de economía en la Universidad Cornell, Robert Frank, escribió *Luxury Fever* en 1999 y llegó a esta conclusión: «Si seguimos así cada vez gastaremos más y más dinero a cambio de nada» (Ibíd., p. 279). Entre las numerosas historias perturbadoras que incluye en su libro y que le producen rabia a cualquiera, Frank escribe acerca de los millonarios jóvenes en Norteamérica cuyos apetitos rayan en el surrealismo, sin hacer un llamado al ascetismo o a la vida pobre, solo con la intención de concientizar a la población en cuanto a las actitudes típicas de los nuevos ricos. Frank escribe acerca de las casas «desechables» que la «gente bien» compra solo para derribarlas y construir otra nueva encima.

Brian Pinkerton tenía treinta y dos años y estaba recién salido de la Universidad de Washington cuando America Online, la famosa compañía de acceso a Internet, le ofreció un puesto como ejecutivo en su oficina de Silicon Valley, además de un pago equivalente a 1.4 millones de dólares y opciones sobre la acción de la empresa aún sin haber terminado su tesis de doctorado. Así fue como él procedió a comprar y demoler una casa «desechable» de 600 mil dólares en el enclave elitista de Atherton (en las afueras de San Francisco) para poder construir una casa lo bastante grande como para acomodar a sus amigos. «La casa estaba habitable», dijo Pinkerton al ser entrevistado, «pero yo quería algo un poco más grande». En una fiesta para la demolición de una mansión de los cincuenta en la propiedad de 20 hectáreas del cofundador de Intuit, Tom Proulx, ubicada también en Atherton, «lo primero que hicimos fue darle a cada invitado un casco», según dijo su esposa, «y para entretenerlos lanzamos pelotas de golf para romper los vidrios de las ventanas» (Ibíd., p. 29).

Al escribir estas líneas, estoy sentado frente a una ventana en el sur de la India, y al otro lado de la calle veo a gente que construye una casa. En las últimas dos horas, tres mujeres se han dedicado a triturar rocas del tamaño de pelotas de béisbol para que les paguen un dólar por todo un día de trabajo arduo. Tras leer sobre pelotas de golf y vidrios rotos ante esta imagen de la cruda realidad, recuerdo una película de Peter Fonda que vi hace mucho tiempo, sobre un hombre que tomaba drogas alucinógenas (LSD). El nombre de la película era «El viaje», y en ella nada corresponde a ningún contexto racional. Todo es extraño e irreal.

Con actitudes como esa, ¿quién necesita de los emperadores romanos del mundo antiguo? Me pregunto cómo se habría sentido el fundador de *Hábitat para la Humanidad* en esa fiesta. Sería interesante escuchar una conversación entre esas personas y la madre Teresa de Calcuta.

Frank continúa: «En una muestra de lanchas de lujo realizada en Fort Lauderdale, Florida, los veinte botes que se ofrecieron a partir de dieciocho millones de dólares se vendieron en tan solo cinco días» (Ibíd., p. 18). Uno se siente tentado a preguntar: ¿De qué planeta venían esos compradores? «Las ventas de relojes Patek Philippe y otros artefactos de alto diseño que cuestan por lo menos dos mil dólares, subieron 13% en 1997 a mil cien millones de dólares». El más caro se vendió por 2.7 millones de dólares y otros tres se vendieron por una cantidad todavía mayor (Ibíd., p. 17, 18). Yo no sabía qué era eso de Patek Philippe hasta que vi a uno de mis amigos con un reloj de diamante de esa marca en su muñeca. El millonario promedio en Norteamérica tiene un reloj que cuesta menos de doscientos dólares (Stanley and Danko).

En 1999, el hombre más rico de los Estados Unidos, Bill Gates, tenía un patrimonio neto equivalente a ochenta y cinco mil millones de dólares. El patrimonio de la familia promedio en 1999 equivalió a un dólar por cada 1.4 millones de dólares en la billetera de Bill Gates (*Wealth and Democracy*, Kevin Phillips, p. 38). Salomón insiste mucho en las actitudes hacia la riqueza. El asunto de la codicia que él nos plantea, es un asunto del corazón. ¿Somos dueños de nuestras posesiones o nos dejamos poseer de ellas? El apóstol Pablo escribió acerca de la codicia en el Nuevo Testamento. No recuerdo haber oído un sermón titulado «Codicia», pero John Wesley y Jonathan Edwards escribieron mucho al respecto en el siglo dieciocho. Pablo escribió a Tito: «Es necesario que el obispo sea irreprensible, como administrador de Dios; no soberbio, no iracundo, no dado al vino, no pendenciero, no codicioso de ganancias deshonestas» (1.7). En 1 Timoteo 3.8 escribió que «los diáconos asimismo deben ser honestos, sin doblez, no dados a mucho vino, no codiciosos de ganancias deshonestas». El apóstol escribió en Colosenses 3.5, 6 que la avaricia acarrea la ira de Dios.

En Proverbios leemos que la codicia conduce al agotamiento: «No te afanes por hacerte rico; sé prudente, y desiste» (23.4). La profesora de economía en la Universidad de Harvard, Juliet Schor, escribió dos libros importantes en la última década: *The Overworked American* (1991) y *The Overspent American* (1998). He leído su obra y puedo afirmar que no tiene tendencias ascéticas. Schor más bien hace algunas observaciones prudentes y sabias. Algunos que promueven «movimientos hacia la simplicidad» pueden ser ascéticos, pero ese no es el caso de Schor. Ella escribe sobre el daño que la gente se hace al fijarse expectativas ambiciosas y poco realistas. Los estadounidenses sufren mucho (literalmente) por cometer ese error, y lo mismo sucede a los japoneses. La edición del 13 de junio de 1991 del Herald Tribune tenía un artículo escrito por Hobart Rowen, titulado «Cómo tomar la vida con calma en Japón». Japón experimenta diez mil muertes al año que se catalogan como *Karoshi*: Hombres que mueren por exceso de trabajo. La palabra «karoshi» se inventó en Japón para describir este fenómeno específico. Schor citó el caso de un obrero británico en una fábrica de zapatos:

> También fue muy fácil encontrar voluntarios que trabajaran los domingos. No me cabe duda que hubo ocasiones en las que pudimos haberles pedido que trabajaran siete días cada semana durante todo un año. Lo habrían hecho con tan solo exigirlo. Había otros que trabajaban horas extra, bien fuera por su aislamiento o por pura necesidad. Es que cuando uno trabaja cuarenta y ocho horas por semana, el efectivo se convierte en la única cosa que lo motiva... Un amigo me dijo en broma (pero a veces las bromas tienen un lado serio): «Cuando no trabajo, no sé que hacer y me quedo paralizado en la cama. Me siento mucho mejor en el trabajo». La fábrica se convierte en la vida de uno, y uno quiere un poco más de dinero para comprar todos los artefactos y juguetes que pueda. Claro, uno vive en pos del dinero y al final de la vida ese dinero no le servirá de mucho. (*The Overworked American*, p. 148).

Ella también escribe que su segundo libro trata «acerca de la gran cantidad de estadounidenses de clase media que se sienten insatisfechos con sus bienes materiales, y por qué se la pasan todo el tiempo con listas mentales de deseos y cosas que quieren conseguir o comprar. Mi objetivo es determinar cómo es posible que un ingreso superior a los cien mil dólares les parezca insuficiente a muchos» (*The Overspent American*, p. 6). El profesor Frank, en Cornell, escribe que esa insatisfacción viene como resultado de tratar de vivir al mismo nivel del vecino que aparenta ser rico.

Esta motivación hacia la ganancia ha producido *The White-Collar Sweatshop* en los Estados Unidos. En 2001, Jill Andresky escribió el libro así titulado, y en él relata los efectos devastadores de la codicia en los gerentes de nivel medio en Norteamérica. Algunos son víctimas de su propia avaricia, mientras que otros dirían que solo tratan de ganarse la vida. Ella escribe:

Una gerente veterana de la IBM me dijo que todo el tema de mi libro era su propia vida, en la primera de una serie de conversaciones que tuvimos.

Catherine me describió su avance paulatino desde principiante a comienzos de los ochenta y su paso por una racha continua de ascensos en las filas de la gerencia durante la década siguiente. Desde un comienzo había sido identificada como una trabajadora ardua, y fue enlistada en la carrera gerencial rápida. Antes de cumplir los treinta, ya tenía días de trabajo de veinticuatro horas. «Fue algo bastante increíble», dijo al recordar aquella época.

Una asignación de dos años la mantuvo en viajes constante, haciendo visitas a clientes de IBM cinco días a la semana. Estaba en casa solo los fines de semana y ese era un hecho aceptado como parte de la cultura. Uno lo hacía como fuera, trabajar y viajar a un paso acelerado sin detenerse a pensarlo. Como su esposo también trabajaba para la empresa, él no se quejaba, y gracias a que su agenda de viajes no era tan apretada, se las arreglaron para mantener cierto nivel de vida hogareña.

Después ella fue ascendida a un puesto de gerencia ejecutiva. La buena noticia era que se trataba de una carrera asegurada de ascenso en la empresa y que ya no tendría que viajar tanto. La mala noticia era que una de sus responsabilidades incluía una rotación regular durante la cual tenía que mantenerse pendiente de «cualquier llamada» veinticuatro horas al día, en un turno que duraba ¡una semana entera!

Para una persona que observe la situación desde afuera, este aspecto tan desusado e inaudito de su trabajo y su vida hogareña no era nada fuera de lo común para ella y sus colegas. «Un cliente podía hablarme en cualquier momento, pues la idea era funcionar como el primer punto de contacto. Muchas veces tuve que despertarme a las 2 o 3 de la madrugada para atender llamadas de un cliente, y eso que también tenía que presentarme en la oficina a las 8 de la mañana. Hice esto durante dos años. Llegaba a casa a las 8 o 9 de la noche, y fue en esa época que tuve que someterme a mi primera operación de espalda. Mi ritmo de vida era tan acelerado que al llegar a casa lo primero que hacía era servirme una copa de vino, después de lo cual apenas me quedaban fuerzas para ponerme ropa de dormir y meterme a la cama (*The White Collar Sweatshop*, p. 18).

Con un trabajo como ese, ¿quién necesita esclavitud?

La Biblia enseña que todos nacemos como pecadores caídos. Esa caída incluye un pequeño monstruo en nuestro corazón que se llama «codicia». Imagine a Gordon Gecko, el personaje central en la película *Wall Street*, sentado en la iglesia mientras recita su ahora famosa frase: «La codicia es buena». Este monstruo nos habla, con mucha frecuencia durante los servicios de la iglesia. Tiene una facilidad tremenda para sincronizar sus intervenciones con el tiempo de la recolección de la ofrenda, lo cual sucede más o menos así:

El plato de la ofrenda empieza a pasar por mi lado y yo coloco allí mi dinero, pero tan pronto lo hago el monstruo grita: «Eso es mucho, ¡se te fue la mano!» He aprendido con el paso de los años que uno no puede alejar este monstruo con simple oración ni huye si leemos la Biblia. He aprendido que no puedo ser cortés con este monstruo en mi corazón. Debo tratarlo con violencia, y tan pronto oiga su voz carrasposa y fea en la iglesia, debo responderle con firmeza. Lo que hago es sacar la billetera otra vez y sacar otro billete, pues debo admitir que mi corazón se inclina hacia la codicia.

La única manera de mantener el equilibrio y contrapesar esa inclinación natural, es dar cuando me siento inclinado a aferrarme al dinero. Esto me hace recordar algo. Martín Lutero dijo: «Un hombre se convierte en tres etapas: Primero en su cabeza, luego en su corazón y por último en su billetera».

Quizá nos sorprenda que la codicia se haya manifestado en ciertos personajes de la Biblia. En 2 Reyes 13.21, el texto describe el resultado de la codicia de un hombre. El versículo dice: «Y aconteció que al sepultar unos a un hombre, súbitamente vieron una banda armada, y arrojaron el cadáver en el sepulcro de Eliseo; y cuando llegó a tocar el muerto los huesos de Eliseo, revivió, y se levantó sobre sus pies». ¿Se ha preguntado alguna vez de qué habla ese texto bíblico? Es una descripción de la codicia del hombre en cuestión. Para captar la historia, debemos leer este pasaje en el contexto de la vida de Eliseo.

Su mentor, el profeta Elías, había pasado junto a Eliseo y le dejó su manto al ser llevado al cielo por Dios. Esto le indicó a Eliseo que debía suceder a Elías en su ministerio sobrenatural como profeta en Israel. Eliseo aprendió fielmente sus lecciones, y tras la partida de Elías el pueblo dijo que el espíritu y el poder de Elías ahora estaba en Eliseo. Este hombre hizo los mismos milagros que Elías y otros aun mayores. De igual modo, Eliseo eligió a un joven llamado Giezi para que aprendiera de él en el ministerio. La relación de Eliseo con Giezi fue un reflejo de su relación con Elías, solo que Giezi falló en el área en que Eliseo fue aprobado como estudiante.

Dios había sanado de lepra a Naamán, un general sirio. Naamán trató de pagarle a Eliseo por el milagro y Eliseo rehusó el dinero, pero Giezi se volvió con engaños para alcanzar a Naamán y le mintió al decirle que Eliseo había cambiado de parecer y ahora quería recibir el dinero. Giezi escondió el dinero en su propia casa, y cuando Eliseo lo descubrió Giezi fue condenado a morir de lepra, sin la unción de Dios sobre su vida. La lepra es un precio alto para pagar por la codicia (véase 1 Reyes 17; 2 Reyes 5 y 13 donde se encuentra esta historia de codicia). Realmente no vale la pena perder un ministerio por causa de la codicia que se disfraza en forma de apetitos caprichosos y pueden costarle a uno hasta la vida. Me pregunto qué le habría dicho Eliseo a Gordon Gecko acerca de la codicia.

El apóstol Pablo escribió que la avaricia provoca la ira de Dios. Ananías y Safira cayeron muertos a los pies de los apóstoles por mentir al Espíritu Santo en cuanto a asuntos de dinero. Sus mentiras motivadas por la codicia les llevaron por la misma ruta que Giezi inauguró cientos de años atrás. Cuando Pablo dijo que la codicia invita la ira de Dios, no solo hablaba de una situación abstracta y teórica.

Una buena pregunta que podemos plantear es: «¿Cuántos sermones enérgicos y rotundos hemos escuchado a lo largo de nuestra experiencia cristiana en los que se condene la codicia?» Es probable que muy pocos.

Yo le hice esa pregunta a mi esposa, que ha sido fiel durante más de treinta años en asistir a la iglesia y escuchar sermones con atención. Su respuesta fue «ni uno solo». Cierto escritor afirmó que los cristianos hablan abierta y libremente sobre los detalles más íntimos de sus vidas sexuales pero nada sobre sus finanzas. Yo puedo ratificar la veracidad de tal declaración durante muchos años de observación. ¿Por qué? Jesús nos da la respuesta.

Jesús dijo que allí donde esté nuestro tesoro, allí estará también nuestro corazón. El dinero representa mucho de lo que somos y lo que nos importa. Algunas personas adoran el dinero. Pablo declaró que la codicia es idolatría. El dinero representa cómo decidimos usar nuestro tiempo. El dinero representa todo aquello que consideramos importante y valioso en la vida. El dinero representa nuestro ejercicio de la libertad para hacer las cosas que queremos hacer. El dinero *habla*.

En algunos sectores de la iglesia reina el error. Algunos creen que Dios quiere hacernos ricos. Otros defienden la idea de que Dios solo quiere a los pobres y que se ha propuesto empobrecernos. Ambas enseñanzas son erróneas. Otros yerran al guardar silencio, como lo hacen muchos seminarios y universidades cristianas que enseñan muy poco acerca de dinero. Esto lleva a muchos a concluir que Dios no dice nada o muy poco acerca de administración del dinero. La mentalidad de pobreza tiene una larga historia en la iglesia. Los monasterios y conventos fundamentaron su existencia misma en esa clase de ascetismo extremo.

Algunos sienten que todo lo que la iglesia quiere es dinero. Yo mismo tuve esa sensación al comienzo de mi vida cristiana. A mí me parecía que los predicadores solo hablaban de dinero.

Si la codicia tuviera ubicación geográfica, el clima del mundo sería dictado por una nube negra de pesimismo e incertidumbre. La tierra se mantendría seca, los árboles estarían muertos, el agua no podría beberse. Lo más frustrante de tal condición sería que, al igual que una nación corrupta, habría un potencial inmenso para la grandeza pero no podría explorarse debido al abuso desmedido.

Si la codicia fuera un animal, la descripción más cercana sería un tiburón. Los tiburones son como máquinas devoradoras implacables con hileras de dientes letales y ojos que se voltean mientras despedazan a sus inocentes víctimas. Estas son imágenes escalofriantes pero precisas.

La codicia solo come y nada produce. Todo lo que encuentra a su paso es una víctima en potencia. Todo es un blanco viable en su pantalla de radar.

Proverbios sobre la codicia:

PROVERBIOS 15.27
«Alborota su casa el codicioso; mas el que aborrece el soborno vivirá».

PROVERBIOS 28.22
«Se apresura a ser rico el avaro, y no sabe que le ha de venir pobreza».

La generosidad y la entrega de las primicias traen bendición

CAPÍTULO 3

«Hay quienes reparten, y les es añadido más».
PROVERBIOS 11.24

«Honra a Jehová con tus bienes,
y con las primicias de todos tus frutos;
y serán llenos tus graneros con abundancia,
y tus lagares rebosarán de mosto».
PROVERBIOS 3.9, 10

Cada libro en la Biblia es una demostración tangible de lo que significa «dar»: Génesis incluye los detalles de una ofrenda que Jacob prometió; Éxodo enseña acerca del sacrificio de animales, los cuales costaban dinero a sus propietarios y eran requeridos para la Pascua; los primeros siete capítulos de Levítico enseñan acerca de sacrificios y ofrendas, Números describe una ofrenda en holocausto a Dios que fue de olor grato para el Señor cuando el pueblo entró a la tierra prometida; Deuteronomio enseña acerca del diezmo en los capítulos 14 y 26, Josué mencionó holocaustos y ofrendas de carne, Jueces muestra a los padres de Sansón que ofrecieron un holocausto a Dios, Rut fue dada a Booz como esposa, 1 y 2 de Samuel describen holocaustos sagrados, 1 y 2 de Crónicas registran la ofrenda más grande en la historia (equivalente a cinco mil millones de dólares en un solo día); 1 y 2 de Reyes incluyen un regalo dado a Eliseo por una pareja acaudalada a cambio de un hospedaje, Esdras describe ofrendas voluntarias así como ofrendas por el pecado y holocaustos, además de un donativo de un rey pagano con destino a la casa de Dios; Nehemías exhorta al pueblo de

Dios a restablecer la costumbre de dar, Ester ilustra el poder de abstenerse de alimentos por un tiempo para buscar a Dios, Job ofreció sacrificios a Dios con regularidad y disciplina, los Salmos incluyen descripciones reiteradas de toda clase de actos de ofrenda y servicio a Dios, Proverbios declara que la generosidad puede producir riquezas, Eclesiastés nos instruye sobre la actitud de nuestro corazón al dar, el Cantar de los Cantares describe cómo debemos dar nuestro corazón a quien amamos, Isaías muestra la entrega voluntaria y sacrificada del Mesías, Jeremías enseña sobre las ofrendas de paz, Lamentaciones describe la tristeza que produce el no tener lo suficiente para dar, Ezequiel menciona la ofrenda por el pecado, la ofrenda de paz, los holocaustos sin defecto, etc. Daniel rehusó la ofrenda inicua de Belsasar, Oseas menciona que el fruto de alabanza de los labios es una ofrenda santa, Joel se lamenta y regocija en cuanto a las ofrendas a Dios, Amós describe las ofrendas quemadas de los injustos, Jonás muestra a incrédulos que ofrecen sacrificios para apaciguar a la deidad, Miqueas describe una multitud de holocaustos, en el primer capítulo de Habacuc se muestra a personas que dan ofrendas a dioses falsos, Hageo sacude la riqueza de las naciones para que todo el dinero llegue a la casa de Dios, Zacarías escribe acerca de sacrificios dados en el contexto de la santidad al Señor y Malaquías anima al pueblo a diezmar. Mateo nos muestra cómo deben darse las ofrendas, con corazones limpios. Marcos describe la generosidad hacia los padres, Lucas muestra la ley de dar y recibir, y Juan nos dice que Dios amó tanto al mundo que se dio a sí mismo con generosidad y desprendimiento. Hechos describe cómo los creyentes en la iglesia primitiva eran dadivosos entre sí de tal modo que entre ellos no había pobres. Romanos exhorta a los dadores a dar sin esperar recompensa, 1 Corintios exhorta a los creyentes a dar cada semana, 2 Corintios promete una cosecha abundante a los que siembran con generosidad, Gálatas alienta las ofrendas a los pobres, Efesios exhorta al ladrón a dejar de robar y dar de su trabajo, Filipenses es la carta de agradecimiento de Pablo a los creyentes por apoyar su ministerio. En Colosenses Pablo les exhorta a dar su carta a los creyentes en Laodicea y evitar la codicia que precipita la ira de Dios; en 1 Tesalonicenses vemos cómo Pablo se dio a sí mismo al igual que su enseñanza para bendecir a los santos del lugar; 2 Tesalonicenses promueve la generosidad con prudencia, 1 Timoteo alienta a los ricos en el mundo a ser ricos en buenas obras, 2 Timoteo exhorta a la ayuda práctica transportando recados de un lugar a otro para beneficio de todos, Tito insta al celo por las buenas obras, Filemón enseña la genero-

La generosidad y la entrega de las primicias traen bendición

sidad en espíritu, Hebreos enseña la hospitalidad a los forasteros, Santiago exhorta a la generosidad práctica para beneficio de huérfanos y viudas, y 1 Pedro llama al servicio con corazón ferviente, 2 Pedro nos enseña que Dios da a los pecadores tiempo para arrepentirse, 1 Juan muestra que el amor verdadero se refleja en las acciones, 2 Juan prohíbe la hospitalidad a los maestros de falsedades y error, 3 Juan la ordena para los maestros de la verdad, Judas insta a multiplicar misericordia, paz y amor en los creyentes, y Apocalipsis da gloria, honor y poder a Dios.

Es evidente que la Biblia exalta la generosidad en todas partes, ¿por qué entonces la iglesia no es más dadivosa? Diferentes personas dan respuestas distintas. No debería sorprendernos que se trate el tema en cada libro de la Biblia, pero a veces se trata de forma tan sutil que uno tiene que buscarlo libro tras libro.

Algunas sectas requieren el 10% de todos sus ingresos a los que aspiren a ser miembros. Lo mismo sucede en cuanto al diezmo en algunas iglesias, y parece que muchos cristianos lo predican aunque pocos lo practican. A nivel mundial, la iglesia aporta entre el 2 y 3 por ciento de su ingreso. En los Estados Unidos más del doble de ese porcentaje va destinado a recreación y entretenimiento.

Además, los predicadores pierden el puesto por hablar con demasiado celo sobre el tema. Esto tiene sentido ya que muy pocos son los que lo disfrutan o desean ser instruidos al respecto. Los sentimientos de culpa no entusiasman a las grandes multitudes. Recuerdo cuando fui pastor de una iglesia durante dos años en la década de los setenta, y prediqué unos doscientos sermones. Menos de cinco de ellos se enfocaron en el tema de administrar y dar dinero. Si tuviera que hacerlo de nuevo, todo habría sido muy diferente. La iglesia habla sobre sexualidad y evangelismo con mucha más facilidad que sobre diezmos y ofrendas. Debemos preguntarnos por qué es así. Mi respuesta es que nuestra desobediencia nos hace sentir incómodos al hablar sobre el tema.

Si esta apreciación es correcta, es probable que seamos mucho más fieles en nuestra vida sexual que en nuestras finanzas. La mayoría de los cristianos han rendido sus vidas sexuales por completo al Señor. Una pregunta pertinente sería: «¿Se ha entregado por completo al Señor?» Después de todo, Dios dice en Hageo: «Mía es la plata, y mío es el oro».

Yo no soy uno de esos que insisten en que «debe darse el primer diez por ciento a la iglesia local». La Biblia nos enseña a dar apoyo financiero a los que nos suministran alimento espiritual. Muchos predicadores afirman que la iglesia es el «alfolí» al que debemos traer nuestras primicias.

Judy y yo asistimos a una iglesia en la que se predicaba esta doctrina con regularidad y gran fervor. Debo reconocerles que construyeron su santuario con dinero en efectivo y dieron el 25% de sus ingresos anuales a la obra misionera. Recién casados, yo diezmaba el 10%, ni un centavo más ni un centavo menos. Si ganábamos $110 dólares, yo diezmaba $11,10 a la obra de Dios. Desarrollé este hábito durante mi paso por la universidad.

El «alfolí» o granero en el Antiguo Testamento suministraba alimento y sustento a huérfanos, viudas y refugiados. Si las iglesias locales hicieran tales obras, yo estaría de acuerdo en la aplicación. Sin embargo, la mayoría de las iglesias locales no hacen eso. Lo que hacen es construir edificios, pagar salarios a pastores, secretarias y directores de jóvenes, música, etc. Este es un concepto muy alejado del alfolí del Antiguo Testamento. El pastor, la secretaria y el director de ministerio también comen y deben ser alimentados. Nos perdemos lo mejor que Dios tiene para nosotros cuando no les alimentamos bien.

Abundan los ejemplos extremos. Algunos pastores viven en relativa opulencia y otros viven en pobreza total. Ningún extremo es una representación adecuada del ejercicio correcto de la generosidad cristiana.

Recuerdo el escándalo que se presentó en la televisión nacional sobre tres ministerios que vivían en opulencia. Por supuesto, la iglesia tuvo que soportar las críticas del mundo toda esa semana. Ahora tengo en mi mente la imagen de una iglesia de refugiados en la que prediqué en el sudeste de Nepal. Se congregaban en una choza de bambú y el predicador vivía en un campo para refugiados de las Naciones Unidas protegido por paredes de papel.

He visto ejemplos hermosos de generosidad a lo largo de treinta años de ministerio. He visto a misioneros aporreados por la pobreza que entregan su último céntimo para construir centros misioneros y aulas para entrenamiento de discípulos en tierras lejanas, así como para enviar a más misioneros. Mi iglesia pospuso la instalación de una alfombra para respaldar a misioneros en África.

Ya he admitido mi sesgo personal en cuanto a dar. Me parece difícil darle dinero a personas que considero malos mayordomos. También me resulta difícil dar y seguir dando a gente que no expresa aprecio y gratitud. Esta es una confesión de debilidad, no un testimonio de alguna virtud. Jesús dijo que debemos ser perfectos como nuestro Padre celestial, que es bondadoso hacia los desagradecidos. Recuerdo escuchar a Derek Prince cuando habló acerca de sembrar una semilla en un buen terreno para recoger una gran cosecha. Supongo que me refiero aquí a lo mismo.

La generosidad y la entrega de las primicias traen bendición

Una vez mi esposa regaló su cámara Canon en una ofrenda recolectada a principios de los ochenta. Ella oró y sintió que Dios le dijo que podía quedarse con el accesorio del flash. Nos quedamos sin cámara varios años, y un tiempo después ella se encontró en Corea mientras yo me quedé en los Estados Unidos recolectando una ofrenda para otra causa. Un hermano de Sudáfrica se me acercó durante la ofrenda y me dijo: «Siento que Dios me dijo que te diera mi cámara, ¿crees que Dios le habla a uno así?» Mi respuesta fue: «Sí, suena como algo que Dios diría». De inmediato, él nos dio su cámara Minolta, y el flash de la Canon le sirvió con precisión.

Esta ofrenda ocurrió mientras Judy estaba en Corea. No sé si fue una coincidencia o si experimentamos algún tiempo de conexión espiritual. Ella le dio su cámara a un coreano y nosotros recibimos otra de vuelta mientras ella se encontraba en Corea unos cuantos años después.

Dios vive en una atmósfera por completo diferente a nosotros en lo que a dar se refiere. Estoy convencido de ello, y dos historias de la Biblia así lo ilustran:

La primera es acerca del rey David, que gobernó durante cuarenta años en Israel y recolectó la ofrenda más grande en la historia. La atmósfera debió ser electrizante el día en que el rey David convocó una ofrenda nacional en 1 Crónicas 29. Se hicieron sacrificios continuos y se ofrecieron cánticos y alabanza sin interrupción. En 1 Crónicas 29.22 dice que «comieron y bebieron delante de Jehová aquel día con gran gozo». La escena era un revuelo divino en el que se recibieron cinco mil millones de dólares para edificar el templo de Salomón.

La segunda historia ocurrió en Marcos capítulo 12, cuando una viuda anónima echó dos monedas en el arca de la ofrenda del templo. Era todo lo que tenía. Jesús declaró que ella mostró evidencias verdaderas de piedad y discipulado al hacerlo.

¿Cómo determinamos cuánto es suficiente dar? La respuesta no es fácil. Dios nos enseña en el Antiguo Testamento que «ninguno se presentará delante de mí con las manos vacías» (Éxodo 23.15, en el contexto de la fiesta de los panes sin levadura). Creo que este es un buen principio cristiano. Todos necesitan dar algo. Para algunas personas, el 2 o 3 por ciento es bastante, mientras que para otros el 20 o 30 por ciento no es suficiente. Dios dirige a cada persona de forma diferente, esto es algo que he enseñado durante muchos años. Creo que la solución consensual del 10% es práctica, específica y generosa. También creo que no es una enseñanza bíblica.

Hace diez años escribí un libro acerca de la meditación bíblica. Afirmé lo mismo en ese libro y recibí más comentarios y respuestas sobre esa afirmación que sobre el resto del libro. Lo interesante es que el diezmo solo se menciona como unas tres veces en todo el libro. Algunos predican que Dios es el gran «francotirador en el cielo» que maldecirá nuestro hogar si no diezmamos (Malaquías 3.10). La era del Antiguo Testamento fue diferente a la nuestra. El diezmo era un impuesto. Yo creo que predicar la obligación cristiana de dar el 10% a la iglesia es tan incorrecto como abstenerse de dar por completo. Ambas actitudes están fuera de línea con el Nuevo Testamento.

En el Antiguo Testamento había por lo menos tres diezmos diferentes, y la verdad es que no podemos estar seguros sobre su monto exacto en términos de porcentaje. Tal vez equivalían a 10% y se daban cada año, o quizás era un 10% que se entregaba cada dos años. Tal vez cada uno era 3.3% y se daban anualmente o se daban en combinaciones diferentes cada año. Digo todo esto porque nadie lo sabe con certeza absoluta, pero sí sabemos que los judíos eran generosos a la hora de dar.

Dios somete a prueba los corazones, sobre todo en el asunto de las ofrendas. En 1975 asistimos a la iglesia bautista Beverly Hills Baptist en Dallas. Howard Conatser era el pastor, y habló acerca de darle un traje a un mendigo. Él trató de sacar uno viejo que ya no usaba pero Dios le dijo que le diera al mendigo uno de sus trajes nuevos. Dios le hizo esta pregunta retórica: «¿Por qué le vas a dar el viejo? Dale el mejor que tienes». Esto tiene sentido, ya que Jesús dijo: «De cierto os digo que en cuanto lo hicisteis a uno de estos mis hermanos más pequeños, a mí lo hicisteis».

Mostramos nuestra fe al dar. Jesús dijo que el dador recibe. Salomón declaró que el hombre generoso prospera. Desde un punto de vista cronológico, primero ocurre el acto de dar y luego recibimos. Por eso nuestra fe se demuestra cuando damos. Larry Burkett afirma que dar muestra la diferencia entre decir «confío en Dios» y confiar en Dios de verdad.

Pablo escribe: «El que siembra escasamente, también segará escasamente; y el que siembra generosamente, generosamente también segará» (2 Corintios 9.6). Existe una correspondencia que Dios ha determinado por anticipado. Si sembramos centavos, cosechamos centavos, si sembramos billetes cosechamos billetes. No podemos volvernos demasiado específicos o exactos en este asunto. La Biblia enseña que la gente generosa es bendecida. Esto es algo innegable. Harold Ockenga nos dijo en una reunión de capilla en Gordon-Conwell:

La generosidad y la entrega de las primicias traen bendición

«Dios nunca le quedará debiendo nada al hombre». Esto significa que nunca podremos dar más que Dios.

¿Es posible que los cristianos que pasan necesidad sieguen ahora los centavos que sembraron en el pasado en lugar de billetes? Es una pregunta que planteo con toda honestidad. No estoy seguro de tener la respuesta, pero la Biblia es muy clara. Los cristianos carecen de bienes materiales y esta debería ser la excepción, no la regla. Yo creo que los porcentajes son importantes a la hora de dar.

En otras palabras, que un millonario dé diez mil dólares no es lo mismo que para una persona cuyo patrimonio neto son doce mil dólares. En la ilustración de centavos y billetes, el millonario dio centavos mientras que la persona con doce mil dólares dio casi todo lo que tenía.

He visto a muchos misioneros que dan billetes y cosechan billetes. También les he visto cosechar centavos y me he preguntado por qué. Parte de la respuesta es pura y llana desobediencia en la iglesia. Esta acapara mucho y da muy poco. La reacción ha sido un cambio en la enseñanza y en la conducta. Lo que Dios quiere es una mayordomía total de la vida, y lo que tenemos actualmente en la iglesia no funciona.

Me pregunto qué le escribiría Pablo a la iglesia del siglo veintiuno en lugar de sus palabras de agradecimiento a los Filipenses. ¿Acaso mediría sus elogios y los acuñaría con amonestaciones severas por la codicia? Definitivamente creo que nos sorprendería.

A veces me pregunto cuánto creemos lo que dice la Biblia. Hechos 20.35 describe las últimas palabras de Pablo a los ancianos en Éfeso, donde cita las palabras de Jesús: «Más bienaventurado es dar que recibir».

Yo he escuchado muchos testimonios milagrosos de cristianos que han recibido provisión asombrosa de Dios. Recuerdo una joven alemana que dio su testimonio a nuestra base misionera de entrenamiento. Ella encontró una estatua vieja en la basura de la calle, la limpió y se la llevó a un avaluador de arte que determinó que la obra tenía valor. Ella se la vendió a un intermediario y con ese dinero pagó gran parte de su sustento misionero.

Otro misionero necesitaba un tiquete de tren para desplazarse al norte de Europa. Atrapó la cifra exacta que llegó flotando en el aire justo después que oró al respecto.

Estas personas fueron «bendecidas» por Dios. Yo creo que Dios quiere que vivamos en una condición de «mayor bienaventuranza». ¿Cómo lo logramos? Dando con generosidad, según Dios nos dirija a hacerlo, porque es «más bienaventurado» dar que recibir (Hechos 20.35).

En 2 Corintios 9.6, Pablo escribe acerca de sembrar (dar) «generosamente». En griego, la palabra que se traduce «abundantemente» significa en realidad «bienaventuradamente». Queremos dar a Dios con esa actitud, como lo indica el término «bienaventurado» que se puede traducir «dichoso y risueño». Jesús dijo que podemos ser «más bienaventurados» dando.

Me gusta lo que dice todo el tiempo el predicador de Louisiana Jesse DuPlantis: «No estoy tratando de ganarme la vida, estoy tratando de dar mi vida». En Efesios, Pablo le dijo al ladrón que dejara de robar y más bien que trabajara para poder ayudar a otros. No se esfuerce en ganarse la vida, haga de su vida una ofrenda a Dios y a los demás. Si nos fijamos la meta de vivir para Dios y sembrar con generosidad, Él se encargará de lo que habremos de segar y recibir. Por supuesto, algunos enseñan que damos con el propósito de recibir. Este es un error basado en una interpretación errónea de un pasaje en 2 Corintios.

¿Ha pensado alguna vez que en la posibilidad de celebrar la parte «más bienaventurada» de su vida? En otras palabras, nosotros tenemos el control sobre lo que sembramos y eso es todo lo que podemos controlar. Tan pronto queda sembrada la semilla, Dios mismo es quien determina la cosecha que vamos a segar. Pablo escribe acerca del proceso con relación al ministerio en 1 Corintios 3.6.

Él escribe: «Yo planté, Apolos regó; pero el crecimiento lo ha dado Dios». Dios es el único que puede operar el crecimiento. El hombre solo puede sembrar e irrigar.

Como el ministerio de la Palabra, podemos sembrar dinero en el reino de Dios y podemos regarlo con el agua de la oración. Solo Dios puede darnos una gran cosecha. Como lo dice Loren Cunningham: «Debemos hacer lo posible, Dios hará lo imposible».

Esto requiere disciplina en dos direcciones. Debemos ser disciplinados en nuestra generosidad para que podamos vivir en los aspectos «más bienaventurados» de Hechos 20.35. Además, debemos ser considerados hacia nuestros hermanos y hermanas en cuanto a lo que ellos dan. La promesa de Dios para ellos es la misma que para nosotros. Cuando ellos desean darnos, no es correcto que les impidamos avanzar al estado «más bienaventurado» absteniéndonos de recibir lo que quieren darnos. Si insistimos en pagar siempre por todo lo que recibimos, privaremos a esas personas de la bendición que Dios quiere darles. Sí, de hecho, les robamos las bendiciones más grandes, aquellas «mayores bienaventuranzas». Ahora que lo pienso, tampoco he oído nunca un sermón sobre Hechos 20.35.

Proverbios sobre la generosidad:

PROVERBIOS 3.9, 10
«Honra a Jehová con tus bienes, y con las primicias de todos tus frutos; y serán llenos tus graneros con abundancia, y tus lagares rebosarán de mosto».

PROVERBIOS 11.24, 25
«Hay quienes reparten, y les es añadido más; y hay quienes retienen más de lo que es justo, pero vienen a pobreza. El alma generosa será prosperada; y el que saciare, él también será saciado».

PROVERBIOS 21.26
«Hay quien todo el día codicia; pero el justo da, y no detiene su mano».

PROVERBIOS 22.9
«El ojo misericordioso será bendito, porque dio de su pan al indigente».

Deudas

CAPÍTULO 4

*«El rico se enseñorea de los pobres,
y el que toma prestado es siervo del que presta».*
PROVERBIOS 22.7

¿Ha notado con cuánta seriedad se comporta la gente en los bancos? Cuando voy a uno me gusta ver los ademanes que la gente usa. Me gusta entrar a las instalaciones cuanto más puedo en lugar de usar el carril de servicio al automóvil. Al observar la dinámica del departamento de préstamos, encuentro las interacciones más instructivas y divertidas. Los clientes que quieren el préstamo se esfuerzan en dejar la mejor impresión para recoger los fondos que le puedan sacar al árbol del dinero cuando lo sacudan. El agente de préstamos mantiene una postura pensativa pero amistosa, y evalúa desde el primer momento la confiabilidad de los clientes potenciales que han acudido a él. ¿Quién tiene el poder en esta relación? El banco, por supuesto.

He pensado más sobre este tema que en cualquier otro relacionado con la administración del dinero. Arnold Blech, mi profesor de economía de la secundaria, sigue presente en mi memoria por las frases contundentes que dijo, como esta: «Lleven siempre cuentas claras, paguen en efectivo, vivan libres de deudas».

He observado ministerios que luchan, individuos que luchan y negocios que se van a la quiebra. He leído libro tras libro sobre este tema, he dictado innumerables conferencias sobre la deuda. De hecho, estoy seguro de que algunos de mis amigos piensan que estoy obsesionado con este aspecto de la administración del dinero.

La deuda se relaciona con muchos aspectos de la vida moderna. Dos economistas de Harvard, Harless y Medoff, afirman que los mercados de bonos dictan el rumbo del mundo financiero. El mercado de bonos refleja el precio del dinero que se presta y se pide prestado. Tras muchos años de reflexión en el asunto, estoy de acuerdo. Otro graduado de Harvard Business School, Andrew Tobias, enunció que el «interés» es el concepto más importante en relación con el manejo del dinero. A propósito del interés, un estudiante me preguntó: «¿Usted cree en el interés?» Le contesté: «Sí, creo en recibirlo pero nunca en pagarlo».

Estas líneas las escribo en mayo del 2003. Hace tres días salió la noticia de que las bancarrotas personales han batido cifras récord en los Estados Unidos durante los últimos doce meses, al rebasar los 1.5 millones de declaraciones de quiebra. Sin duda alguna, muchas de estas quiebras fueron ocasionadas por errores de juicio bienintencionados. La gente que vive libre de deudas nunca se declara en bancarrota.

A veces los ministerios me desconciertan. Recuerdo una vez que estuve en la oficina de un pastor de una iglesia espectacular en la costa este de los Estados Unidos. La entrada era de puro vidrio en todas las direcciones. «Encantadora» es la palabra que mejor describe las instalaciones de esa iglesia. Era un panorama inolvidable. Mientras esperaba el comienzo del servicio nocturno, miré los libros que estaban a la venta, y una sección en particular me dejó atónito.

Mientras observaba la categoría de economía, vi muchos libros de texto de nivel universitario sobre temas como macroeconomía y microempresas, etc. Se me ocurrió pensar en los $100.000 dólares que esta iglesia paga cada mes por la hipoteca de sus edificios encantadores. Hablé con un miembro del equipo pastoral sobre el asunto y me hizo una mueca incómoda. Cada familia en esa iglesia paga unos $130 dólares al mes para pagar la hipoteca, y la mayor parte de esa cifra se destina a pagar el interés del préstamo. Me pregunto qué le habrían enseñado todos esos libros de economía a aquel pastor tan bien educado. Un préstamo de diez millones de dólares se convierte en una deuda de veinticinco millones de dólares después de treinta años de pagos mensuales. ¿Cuántos misioneros habrían podido sostenerse con esos quince millones extra que se pagaron en interés?

El autor de finanzas y personaje de la radio Larry Burkett declaró en repetidas ocasiones que la deuda personal es la estrategia número uno de Satanás en contra de los cristianos en Norteamérica. Esta deuda personal se facilita a través de muchos paquetes y sistemas de entrega, en forma de tarjetas de crédito, préstamos para vehículos e hipotecas sobre bienes raíces.

No me malinterprete, la Biblia no dice en ningún lugar que la deuda sea pecado, pero sí nos enseña que incurrir en ella no es la decisión más sabia. La Biblia permite los préstamos pero nos comunica con claridad sus advertencias y precauciones.

Las universidades y colegios cristianos así como las escuelas de secundaria cristianas me dejan perplejo en cuanto al tema de la deuda. Con frecuencia, los consejeros universitarios recomiendan cuantiosos préstamos escolares a los jóvenes estudiantes. La regla parece ser que la educación vale la pena a cualquier precio, incluido el futuro mismo. La dificultad radica en que los préstamos para estudio están diseñados para ser pagados en el futuro lejano. Hablé hace poco con un joven que se acababa de graduar de un colegio prestigioso. Él quería irse de misionero pero era consciente de que su préstamo escolar de quince mil dólares podría impedírselo.

Los doctores se gradúan con grandes deudas por préstamos educativos de las escuelas de medicina, con montos alrededor de los $100.000 dólares. Aquí también la regla operativa es que el préstamo «vale la pena». Stanley y Danko señalan en su libro *The Millionaire Next Door* que los doctores se cuentan entre los peores administradores de dinero en comparación al resto de profesionales. Algunos doctores que tienen llamado a las misiones nunca van debido a fuertes deudas por sus estudios de medicina.

Stanley y Danko sostienen que el poder adquisitivo de los médicos es tan grande que los doctores nunca tienen que preocuparse demasiado por sus deudas, ya que pueden ganar miles de dólares cada día si se lo proponen.

Muchos jóvenes con mentalidad misionera renuncian a su llamado a un campo misionero en otro país debido a los préstamos que deben pagar. Una amiga nuestra de Puerto Rico abandonó el campo misionero hace poco por la única razón de que necesitaba trabajar para pagar sus préstamos educativos.

Naciones enteras claman por misericordia financiera pues viven ahogadas bajo el peso de pagos de interés compuesto por préstamos educativos que han recibido del Banco Mundial o el Fondo Monetario Internacional. Muchos bancos también quiebran por dejar de pagar los préstamos que deben. Muchas veces los bancos son culpables tanto como sus clientes que piden dinero prestado. ¿Por qué un banco internacional estaría dispuesto a prestarle dinero una y otra vez a una nación que siempre falla en los pagos de sus deudas, las cuales ascienden a miles de millones de dólares? Brasil es un ejemplo típico de este problema, tanto que se le conoce como «el deudor moroso más grande de la historia» (véase *The Money Lenders*, Anthony Sampson, pp. 258-261). Los bancos lo han hecho durante los últimos cuarenta años y no dudo que lo harán de nuevo (¿será miopía o se equivocan a propósito?)

Medoff y Harless escribieron *The Indebted Society* y allí afirman que en nuestro siglo se introdujo un concepto nuevo en la valoración de la riqueza. Ahora medimos la condición financiera de la gente según lo que deben y no según lo que poseen.

¿Cuánto tiempo se requiere para pagar una cuenta de $2.500 dólares en una tarjeta de crédito? Si solo se hacen los pagos mínimos obligatorios, unos treinta y cuatro años.

Por lo general, cuando empiezo mi discurso en contra de la deuda, alguien formula esta pregunta legítima: «¿Acaso no es mejor comprar casa? Pagar arriendo es como botar la plata».

El argumento del arriendo me parece débil por dos razones: 1) También «se bota la plata» al pagar el préstamo hipotecario durante la primera mitad del término de la hipoteca. En una hipoteca a treinta años, los primeros pagos van destinados en un 90 por ciento o más al pago de interés. 2) El australiano George Earl escribió lo siguiente acerca de los compradores de vivienda en Australia que puede aplicarse en otras partes:

Así uno viva en la misma casa toda la vida, va a tardar treinta años en llegar al punto en que esté en mejores condiciones que si hubiera pagado arriendo todos esos años». Earl tiene mucha experiencia en el tema, con más de veinticinco años en la industria de la construcción, y solo hasta hace poco en calidad de conferencista. Los que viven en ciudades grandes son casi siempre los más afectados, pues les toca pagar hipotecas inmensas en comparación a sus ingresos para hacer realidad su sueño de ser propietarios. Esta «enorme presión financiera» [frase de Earl] podría reducirse de forma substancial si la gente entendiera mejor el costo real de los préstamos. Sin embargo, hay muchos que no desean que se den a conocer tales costos. A esto debe añadirse la incapacidad de muchos para realizar los cálculos necesarios para determinar en un nivel práctico cuánto cuesta incurrir préstamos de tal magnitud. (*The Bulletin*, «The Great Australian Illusion» [La gran ilusión australiana] por Geoffrey Maslen, noviembre 22, 1994, p. 36: Citado en *Making Sense of Your Dollars*, Ian Hodge Ph.D., Ross House, p. 80)

Son varias las desventajas de hacer los pagos de un préstamo para compra de vivienda:

1. Flujo de efectivo.
2. Años de cautiverio durante el período de amortización (¿Sabía usted que esta palabra se deriva de vocablos franceses que significan «muerte» y «garras»? Las hipotecas son como las garras de la muerte financiera. Las clases de francés me sirvieron de algo, al igual que las tablas de multiplicación para calcular el interés compuesto.)

El efectivo que usted destina al pago de la hipoteca es dinero perdido para usted. ¿Puede usted sostener para siempre esa reducción en su flujo de efectivo? Eso es justamente lo que el banco espera. Esto es tan real para mí que conservo un documento de amortización del banco pegado en la portada de mi diario personal. Es la descripción de los pagos programados de la hipoteca a treinta años que deben un par de amigos nuestros. Lo mantengo allí para acordarme del noventa por ciento de interés que ellos pagan durante aquel primer año de su préstamo.

Mi esposa y yo construimos nuestra casa con efectivo, y al final tuvimos que sacar un préstamo de diez mil dólares debido al aumento de los costos de construcción. En seis meses terminamos de pagar el préstamo.

Para mucha gente la idea de pagar una casa con dinero en efectivo suena como un episodio de Viaje a las Estrellas con el capitán Kirk en la nave interplanetaria Enterprise, pero lo cierto es que puede hacerse con disciplina y paciencia. Yo tenía cuarenta y nueve años y mi esposa cincuenta cuando compramos nuestra primera y única casa.

Llegué a varias conclusiones después de construir mi casa. La primera fue que muchos norteamericanos viven en casas demasiado grandes para sus necesidades y pagan demasiado por la hipoteca. Entiendo las tasas de interés de 28 y 36 por ciento que el gobierno permite. Si la gente no se ha extralimitado con sus hipotecas, ¿por qué es cierto el hecho que se describe a continuación?

Los profesores Sullivan, Westbrook y Warren de las escuelas de leyes de la Universidad de Texas y Harvard concluyeron un estudio con cinco razones básicas para la bancarrota en los Estados Unidos, y según ellos las hipotecas de vivienda son una de las razones principales de la quiebra económica. Estos profesores expresaron cierta perplejidad hacia sus propios hallazgos. De hecho, escribieron al respecto:

Que estos deudores pudieran sobrevivir las dificultades financieras más duras que la mayoría de estadounidenses enfrentarán en su vida, solo para terminar en la quiebra unos cuantos años más tarde, nos recuerda la triste realidad de que hasta la seguridad financiera más sólida puede ser pasajera. Las bancarrotas de estos dueños de vivienda representan una caída atronadora de un estado aparente de seguridad financiera que había sido certificado por un prestamista hipotecario conforme a las pautas del gobierno para asegurar la estabilidad financiera.

Lo irónico de la caída de los propietarios de vivienda en la quiebra es que muchos de ellos no solo pasaron un escrutinio financiero riguroso, sino que incluso aquellos que se extralimitaron más allá de su capacidad para comprar y los que se metieron a negocios de bienes raíces que casi no entendían, eran personas prudentes en gran medida. Al comprar su casa, muchos de estos deudores eran personas que se esforzaban en ahorrar antes que consumir. No eran mariposas caprichosas que volaban de flor en flor añadiendo cargos a las deudas de sus tarjetas de crédito y que esperaban hasta el día siguiente para pensar en lo que iban a hacer. (*The Fragile Middle Class, Americans in Debt*, Sullivan, Westbrook, y Warren, p. 209.)

En el 2003, la profesora Warren de Harvard escribió otro libro sobre la lucha de Estados Unidos con la deuda titulado *The Two-Income Trap* habla de por qué las madres y los padres de clase media quedan en la quiebra. Ella concluye que las hipotecas son en la actualidad uno de los problemas principales que llevan a las familias al «desastre financiero» (Ibíd., portada del libro). El hecho es que la gente incurre en hipotecas demasiado grandes para su bolsillo.

No es sorpresa que los profesores Medoff y Harless de Harvard afirmen lo siguiente: «La deuda es la causa subyacente de la inseguridad económica que la mayoría de los norteamericanos sienten en la actualidad» (*The Indebted Society*, Medoff y Harless, p. 8). Estos economistas de Harvard se concentran en muchas variables financieras pues consideran ingresos, impuestos, precios, producción, etc. Tras su minucioso estudio llegaron a la conclusión de que la «deuda» es la causa principal de ansiedad en la economía estadounidense. Además, la deuda se ha ubicado como el factor central del ahogo económico y no un asunto lateral. Esto genera cuestionamiento en la vida de muchas personas, y según Medoff y Harless en «la mayoría de los estadounidenses ».

Estos autores apagan de un solo soplo las esperanzas ingenuas de muchos cristianos (y no creyentes también) que viven de préstamos. Su declaración es fría y fáctica.

Por otra parte, la declaración de Medoff y Harless en el sentido de que la deuda es «subyacente» nos indica la posibilidad de que la gente no vea este problema a primera vista. La deuda puede ser un problema velado. Estos autores escribieron sobre un panorama general en 1994, pero la situación real es todavía peor en la actualidad. Ellos consideran que su opinión es un «argumento válido» (Ibíd., p. 8), lo cual demuestra su nivel de convicción en cuanto a tal opinión.

Los economistas del mundo viven en un mundo intelectual «lleno de deudas», y este es un presupuesto que se da por sentado como parte de la vida económica. La vida sin deudas no es más que una quimera para el teórico economista. Muchos ven la deuda no solo como un hecho natural sino como un «bien positivo», como lo demuestra la dinámica del mercado de bonos que es la compra y venta de deuda, tanto privada como pública.

¿Por qué entonces escribieron su libro los profesores Medoff y Harless de Harvard? Porque se han alarmado con la seriedad del asunto al ver tanta gente apresada en esta trampa.

Continúan su argumento de este modo: «En nuestro tiempo, la pregunta más crítica es cuánto debe uno consumir» (Ibíd., p. 6).

Ross Perot, Sir John Templeton, Mary Sprouse, Ron Blue y otros están de acuerdo. Para salir adelante, estos gigantes sugieren que primero debemos pensar en consumir menos antes que en ganar más. Esto tiene que ver con redefinir cómo pagamos los bienes y servicios que tenemos a disposición, así como cuándo pagarlos.

¿Por qué es el consumo un factor crítico para estos genios de las finanzas? Como lo expresan Medoff y Harless, la pregunta acerca del consumo debe responderse en seis fases lógicas.

Primero que todo, el consumo excesivo reduce el flujo de efectivo tanto para individuos como empresas. Si usted compra algo a crédito hoy, perderá parte del dinero hoy pero en el futuro perderá esa misma cantidad y mucho más. Piense en la deuda adquirida como una cuenta de ahorros que funciona a la inversa. En esta situación, el interés trabaja en contra de nosotros.

En segundo lugar, el interés sobre los préstamos con tarjetas de créditos reduce todavía más el efectivo disponible.

En tercer lugar, la depreciación empieza de inmediato excepto en bienes raíces (y en otros artículos de valor como metales preciosos, etc.). La regla general es que la depreciación es un reflejo de la ley de entropía en el mundo de las finanzas.

En cuarto lugar, sin dinero a la mano no queda capital para generar más ganancias por concepto de intereses.

En quinto lugar, se pierden oportunidades para inversiones futuras, para crecimiento o para aportar a causas dignas.

En sexto lugar, la diferencia entre «necesidades» y «caprichos» dicta la preparación mental que uno tiene antes de comprar artículos. La economista de Harvard Juliet Schor ha escrito bastante sobre cómo los «caprichos» se convierten en «necesidades» con el paso del tiempo. Las actitudes cambian a medida que adquirimos más cosas.

A propósito de planificación y meditación, Harless y Medoff dicen: «Las tarjetas de crédito eliminaron el elemento de premeditación de las transacciones y los préstamos».

Yo lo pienso cada vez que uso mi tarjeta de crédito en la estación de gasolina, pero solo de forma superficial. Tan solo paso la tarjeta por el lector magnético y lleno el tanque sin vacilar. En los viejos tiempos, prestar dinero requería un proceso predeterminado. Una persona iba al banco cada vez que necesitaba dinero prestado. El banquero entrevistaba al prestatario y determinaba la calidad crediticia de cada préstamo. Las tarjetas de crédito cambiaron todo eso. Ahora podemos usar dinero prestado para todo, desde una tarjeta de felicitaciones hasta una pizza de anchoas o un viaje a la isla de Grecia. El espectáculo más diciente de la gravedad de la situación es ver a una señora en una tienda de víveres que paga la mitad de su cuenta con tiquetes para comida emitidos por el gobierno y la otra mitad con una tarjeta de crédito. Así no tenga ingresos, ¡siempre podrá usar su tarjeta de crédito! Esto es algo que sucedió en el tradicional estado de Montana. Cualquier préstamo puede hacerse sin necesidad de entrevista con el banco porque ahora las tarjetas hasta se ofrecen «preaprobadas».

Debido a que la gente no tiene que pensar tanto en sus compras al usar crédito, todos los días se toman malas decisiones financieras. La falta de previsión y planificación nos hace blancos fáciles para los expertos en mercadeo. Para apreciar la profundidad del problema, conteste esta pregunta: ¿Cuánto tiempo se necesita para pagar una cuenta de $2.500 dólares en una tarjeta de crédito si solo se hacen los pagos mínimos mensuales? La respuesta es *¡treinta y cuatro años!* ¿Qué decir de las hipotecas para vivienda? Los primeros cinco años de pagos de una hipoteca se aplican más del 80% al interés del préstamo y menos de 20% al monto original del préstamo. Considere ahora la riqueza que detenta su banco local o su prestamista de hipotecas.

Sullivan, Westbrook y Warren demuestran que el sobrecargo de la deuda por concepto de uso de tarjetas de crédito es una de las cinco causas principales de bancarrota en los Estados Unidos:

La deuda generada por el uso de tarjetas de crédito entre la clase media se trataría como el problema grave que es si no fuera por su gran popularidad y uso universal. La deuda con tarjeta de crédito para compras generales es la que se menciona con más frecuencia en las declaraciones de bancarrota. Casi el 60% de todos los deudores mencionan alguna cifra significativa por este concepto. (Sullivan, Westbrook y Warren, Ibíd., pp. 119, 120).

También es verdad que la deuda por uso de tarjeta de crédito entre los estudiantes produce esclavitud, malas calificaciones y en el peor de los casos, suicidio. El libro titulado *Credit Card Nation* me recuerda el título de otra obra, *Prozac Nation*. En *Credit Card Nation*, Robert Manning escribe:

Janne O'Donnell describió la desesperación de su hijo de veintidós años, Sean, un finalista nacional de mérito académico y estudiante de filosofía y letras que sucumbió a las tentaciones del dinero fácil.

«Una semana antes de que Sean se matara, tuvimos una larga conversación sobre sus deudas y su futuro. Me dijo que no tenía ni idea de cómo salirse de su embrollo financiero y no veía que le quedara mucho futuro. Quería volver a la escuela de leyes pero pensó que no podría conseguir un préstamo para pagar la matrícula porque debía mucho dinero en sus tarjetas de crédito. Sean trató de pagar todas sus deudas pendientes. Asistió a las sesiones de consejería crediticia pero se atrasó aun más y se trasladó de la Universidad de Dallas para vivir otra vez con nosotros en la casa para asistir a la Universidad de Oklahoma. Mantuvo dos trabajos mientras asistió a clases pero tampoco le alcanzaba el dinero. A la hora de su muerte tenía doce tarjetas, una MasterCard, dos Visas, una Neiman-Marcus y otras de Saks 5th Avenue, Macy's Marshall Fields, Conoco y Discover. ¿Cómo pueden todas esas empresas justificar su decisión de aprobarle el crédito a una persona que ganaba 5.15 dólares por hora? Es algo que no puedo entender. El crédito debería basarse en el ingreso actual de la persona que lo solicita, no en la posibilidad de un ingreso en el futuro. Deben imponerse límites claros a las compañías de tarjetas de crédito antes de que más estudiantes terminen en la quiebra o muertos» (p. 160).

Westbrook y Warren relatan una historia increíble en su libro sobre la legislación de bancarrota. Cierta señora llamada Dixie Dorsey acumuló una deuda de $106.000 dólares con siete tarjetas de crédito antes de declararse en bancarrota. Tenía dos hijos pequeños y era viuda. También tenía un ingreso regular de $480 del seguro social en virtud de su viudez. Su novio, Jimmy Jones, le daba entre $2.500 y $6.000 al mes para vivir. Viajó a todas las naciones de Europa central y un viaje extra a las islas griegas. Cuando se declaró en bancarrota detalló un total de $106.922,39 en deuda de tarjetas de crédito. American Express le había expedido una «tarjeta personal», una «tarjeta verde» y una «tarjeta dorada» (cada una con su propio límite de crédito), así como una «tarjeta óptima» (que al parecer no tenía límite alguno). Además usaba muchas otras tarjetas.

Entre las muchas cosas que compró en sus correrías por Europa, pagó $784,21 en perfume. Al preguntarle el juez en la corte de bancarrota sobre el viaje por Europa, Warren y Westbrook escriben que Dixie «declaró con cierto orgullo que la había pasado de lo lindo en su viaje y disfruto cada momento hasta el final» (Warren y Westbrook, p. 282). Al dictar su sentencia, el juez afirmó que las acciones de American Express fueron «absolutamente horrendas» y consideró su proceder como «injustificable».

Como si fuera poco, uno de los mercados nuevos más lucrativos está enfocado hacia la población que sufre de retraso mental.

Un planeador financiero en Seúl, Corea, me dijo que la revolución de tarjetas de crédito «se ha vuelto un problema social». Manning escribe que los coreanos son el blanco principal de los que mercadean las tarjetas de crédito americanas.

La literatura bíblica de la ley y la sabiduría nos advierte acerca de pedir prestado y prestar. La Santa Escritura no dice en ninguna parte que pedir prestado sea pecado, pero tampoco es sabio. Es más, Moisés instó al pueblo de Dios a no cobrar interés entre hermanos en la fe.

Es como si Dios advierte proféticamente sobre el «problema social» que viene como resultado de pedir prestado sin sabiduría. En

Deudas

Éxodo 22.25, Dios dice: «Cuando prestares dinero a uno de mi pueblo, al pobre que está contigo, no te portarás con él como logrero, ni le impondrás usura» (véase también Deuteronomio 15.6; 28.12, 13). Nehemías condenó a los israelitas por cobrar intereses hipotecarios entre compatriotas.

En el Antiguo Testamento, el prestatario hacía un juramento solemne de garantía al fiador. Esta garantía o aval motivaba al deudor a repagar lo fiado. Dios le advirtió al fiador que no recibiera un colateral ligado a algo perteneciente al sostén de vida como garantía. Además, Dios requirió que el fiador respetara el domicilio del prestatario. El fiador no podía entrar a la casa del prestatario a demandar la garantía (Deuteronomio 24.10-13). Dios dijo que esto sería rectitud para el fiador.

El rey David escribe en el Salmo 15.5 que «aquel que no cobra interés» ascenderá al monte del Señor. Moisés hizo un paralelo de esto en Levítico 25.36, diciendo que el temor del Señor se manifestaba en no aceptar el pago de interés de la gente pobre en el territorio de Israel.

El libro de texto del Colegio de Planificación Financiera habla acerca de la estrategia de la deuda y la inversión. El texto de «inversiones» describe el uso de «contrapeso financiero» que consiste en «el uso de dinero prestado para adquirir bienes» (p. 426). El texto dice: «Usando el contrapeso financiero exitosamente, la gerencia puede aumentar la ganancia del propietario que es el accionista común». Para hacer este negocio uno tiene que tener cuidado de no adquirir demasiada deuda en comparación al valor acumulado e intrínseco del bien. También hay que manejar la deuda total como un porcentaje de bienes totales.

Para la mayoría de los profesionales de las finanzas, la «financiación de deudas» es algo aceptable y normal para un negocio. La libertad total de las deudas milita en contra de la financiación que hacen posibles los bonos (una función legítima y aceptada del mercado de capital).

El análisis de la proporción de deudas a patrimonio líquido de las empresas es similar al análisis de las finanzas personales. En otras palabras, ¿cuántas cosas que tiene esa compañía le pertenecen en realidad y cuánto es un reflejo del dinero que les prestó el banco? Los estadounidenses tienen demasiada deuda en comparación a su patrimonio neto, en promedio un 50%. Muchos maestros cristianos permiten la deuda para empresas al mismo tiempo que instan a la libertad total de las deudas en lo personal.

Al estudiar la Biblia nos tienta a eliminar todas las deudas, y confieso que Dios ha trabajado tanto en mí al respecto que ya ni siquiera disfruto discutir este tema con la gente. Me molesta que los cristianos abusen tanto de la deuda, y creo que es por esto que tanto la aborrezco. Dios la llamó una «maldición», ¿acaso podría ser más fuerte el lenguaje humano o divino al respecto? Casi el 99% de las veces, los santos piden prestado cuando deberían esperar a que Dios les dé su provisión perfecta.

La Biblia deja la puerta entreabierta para algunos préstamos legítimos. Dios espera buen juicio de nuestra parte y por eso ni siquiera define una razón legítima para pedir dinero prestado. No existen versículos bíblicos relacionados con «pedir prestado solo para una casa o un automóvil». Con esa puerta abierta, debe tenerse en cuenta que todos los préstamos deberían tratarse como una excepción a corto plazo de la norma bíblica. Las Escrituras permiten préstamos de siete años, ya que cada siete años todas las deudas en Israel debían ser perdonadas.

En lugar de hacer préstamos excepcionales, muchas iglesias «por defecto» consideran la deuda el método convencional para financiar grandes proyectos. Cierta iglesia falló en los pagos de su préstamo y el banco insistió en colocar un funcionario del banco en la junta de la iglesia. Esto está muy lejos de las calificaciones designadas en Tito y Timoteo para el liderazgo en la iglesia. Como si fuera poco, el banquero insistió en que el banco tuviera prioridad en la distribución del dinero perteneciente a la iglesia. En esencia, el banco mandaba a la iglesia en sentido tanto financiero como literal. El banco manda en muchas iglesias en muchos lugares del mundo, aunque lo hace con tácticas mucho menos explícitas y abiertas. Un escritor describe la deuda como el gorila de quinientos kilos que exige ser alimentado en cada servicio de la iglesia y en cada reunión de la junta.

Nuestra cultura hace enfrentar a la iglesia contra las Escrituras en esta área de los préstamos. El procedimiento convencional para sacar préstamos para proyectos estorba la obra de la fe para las cosas realmente grandes y significativas. Además, este sesgo crea reaccionarios y extremistas en la otra dirección. El equilibrio se vuelve casi imposible en lo relacionado con la deuda.

Por otro lado, la iglesia empieza a ser dominada en lo financiero por una mentalidad de corto plazo. Pensamos más en el pago de la mensualidad que en la cantidad principal del préstamo original. Los vendedores de tarjetas de crédito y las compañías de financiación de hipotecas quieren que pensemos en términos de esos plazos cortos y pequeños porque es lo que más les conviene. Esta actitud de endeudamiento crea discípulos. El pastor y los miembros de la junta enseñan a sus familias y a los discípulos que tanto los admiran. Lo triste es que la lección con frecuencia es miope y contraproducente, y casi siempre ajena a las Escrituras.

Ron Blue, asesor financiero en Atlanta, escribió que pensar en función del largo plazo casi siempre produce las mejores decisiones financieras. Lo sabio es entonces que si uno no sabe qué hacer en el momento, le conviene pensar a largo plazo. Esto significa que uno no debe pensar tanto en el pago mensual, sino pensar todo el tiempo en la cantidad total del préstamo. Creo que si más personas pensaran de ese modo, la gente sacaría menos préstamos. Si uno piensa en $250.000 siente mucho más dolor que si solo piensa en $1.700 que es el pago mensual.

Me pregunto cómo le iría a Salomón en las reuniones de junta directiva de iglesia en la actualidad. Salomón dice: «El que toma prestado es siervo del que presta». La mayoría de iglesias funcionan como si la deuda fuera la bendición del siglo veintiuno para sus programas de construcción de edificios y estacionamientos. Este es un grave error. Me temo que a Salomón lo callarían a gritos y muchos lo aislarían por completo en muchas iglesias de nuestro tiempo.

Larry Burkett describió al hombre de negocios que se le acercó con una propuesta interesante. La iglesia de este hombre de negocios deseaba construir un nuevo salón para los jóvenes con un costo de $250.000. El negociante quería pagarlo en su totalidad, pero el problema era que el pastor y los líderes de la iglesia querían sacar un préstamo para la construcción. El hombre de negocios le dijo a Burkett que estaba dispuesto a comprar todo el proyecto si el pastor accedía a no pedir el dinero prestado. Este hombre generoso también le pidió a Burkett que no informara al pastor sobre sus intenciones. En otras palabras, para él era una cuestión de principios.

El pastor insistió en pedir prestado para construir, a pesar de los apremios de Burkett. Así fue como quedaron endeudados por la suma principal de un cuarto de millón de dólares, una cifra que el pastor perdió en forma de ofrenda porque insistió en endeudarse. Me pregunto cuántas cosas como esta suceden sin que uno se entere jamás.

¿Qué tienen en común Ross Perot, John Templeton y Warren Buffett además de su riqueza? Todos ellos piensan que los estadounidenses están demasiado endeudados y que la deuda disminuye su poder económico.

Proverbio sobre la deuda:

Proverbios 22.7
«El rico se enseñorea de los pobres, y el que toma prestado es siervo del que presta».

Pague las cuentas a tiempo

CAPÍTULO 5

«No te niegues a hacer el bien a quien es debido,
cuando tuvieres poder para hacerlo.
No digas a tu prójimo: Anda, y vuelve, y mañana te daré,
cuando tienes contigo qué darle.
No intentes mal contra tu prójimo que habita
confiado junto a ti.
No tengas pleito con nadie sin razón,
si no te han hecho agravio».
PROVERBIOS 3.27-30

Este pasaje nos alienta a pagar con prontitud lo que debemos. «Anda, y vuelve, y mañana te daré» es una declaración y una actitud ilegítima. La sabiduría nos manda a pagar a tiempo. El dolor breve que se siente al dejar ir el billete de veinte dólares es considerado «sabiduría». Pagar a tiempo, vivir con austeridad y pagar las cosas en efectivo parecen ir de la mano.

Recuerdo un libro de negocios escrito por un empresario muy prominente en la comunidad judía que describió sus negocios con Billy Graham. Se expresó con muchos elogios sobre el trato maravilloso que había recibido por parte de la Asociación Evangelística Billy Graham. Con frecuencia, el evangelista le pagó por adelantado a este fabricante los servicios que prestó. Este es un testimonio maravilloso de Cristo y la Biblia confirma que tal conducta es sabia. También confirma el error de algunos ministerios alrededor del mundo que se atrasan en sus pagos o sencillamente no pagan.

La sabiduría protege a quien la posee. «Engrandécela, y ella te engrandecerá» (4.8). En cambio, «el que peca contra [ella], defrauda su alma; todos los que [la] aborrecen aman la muerte» (8.36).

¿Por qué es sabio pagar nuestras cuentas a tiempo? Llevar cuentas claras es más fácil y sencillo para aquellos que pagan tan pronto reciben una cuenta. La buena contabilidad es crucial para la prosperidad continua. Stanley y Danko describen en una proporción de 2 a 1, la conducta de los millonarios en su libro *The Millionaire Next Door*. Los millonarios llevan cuentas de todos sus gastos mes tras mes, y uno tiene que preguntarse cómo aprendieron esta práctica responsable y austera. Lo cierto es que se hicieron ricos porque se comportaron de manera diferente al resto de la gente, por lo menos en lo relacionado a sus finanzas. Solo el 30% del resto de la población lleva un registro cuidadoso de sus gastos. El pago rápido de las cuentas por pagar facilita el registro contable.

Además, la prontitud en los pagos facilita la elaboración e implementación del presupuesto, estimula la planificación calmada y la austeridad frugal. De hecho, la frugalidad misma es testimonio del dominio propio y el control de los apetitos hedonistas y opulentos.

Yo le tengo cierta lástima a los atletas jóvenes y ricos que vuelan por todas partes en sus aviones privados y que caen presa de toda clase de lujos innecesarios. Me provoca un poco de risa escuchar a predicadores que describen sus vuelos en aviones privados porque esto no tiene nada que ver con el estilo de vida de los Templeton y los Buffett del mundo. John Templeton que es multimillonario vuela en clase general en las aerolíneas comerciales del país.

Imagínese una conversación entre Templeton y un golfista joven que hace alarde de sus vuelos en jet privado. Templeton le hablaría de inmediato sobre la acción del interés compuesto a largo plazo. El joven deportista hablaría de los fanáticos que quieren su autógrafo y de los palos de golf que se le han extraviado en aeropuertos. Templeton diría que si invirtiera un solo vuelo de diez mil dólares en avión privado a la edad de veinticinco, tendría más de 160.000 dólares al llegar a los sesenta y cinco años al 8% anual. Esos autógrafos son muy caros de evitar.

La vida de Templeton apunta en dirección a la prontitud en los pagos y la austeridad en los gastos para salir adelante. Templeton pagó menos de doscientos dólares por cada automóvil que tuvo hasta que su patrimonio neto llegó al cuarto de millón de dólares. Además, recorrió el mundo entero en calidad de peregrino y siempre tuvo el hábito de enviar cheques de viajero American Express para pagar todo en efectivo. Además compró muebles para su casa con menos de cien dólares. El rendimiento máximo del dinero es un principio que Templeton nunca negoció.

Pague las cuentas a tiempo

En su biografía titulada *From Wall Street to Humility Theology*, la declaración de Templeton desafía la mentalidad moderna acerca del interés. Este hombre siempre pagó todo en efectivo, y la razón que dio fue la siguiente: «Para que así siempre recibiera interés y nunca tuviera que pagarlo». La sabiduría impulsó a Templeton a pagar todo en efectivo y a tiempo, sin nunca pagar interés. En ningún lugar de su biografía leí que hubiera sacado este principio de Proverbios, aunque es cristiano. Sus biógrafos describen al joven Templeton calculando tasas de interés compuesto en sus ratos libres en su juventud.

Templeton describió más adelante el efectivo personificado como un empleado al ser invertido. El efectivo que se pide prestado se convierte al mismo tiempo en amigo y enemigo tan pronto se activa el interés, y debe pagarse lo debido al prestamista. Templeton pagó sus casas con dinero en efectivo, y es interesante que en una entrevista reciente a Templeton, la revista *Money* resaltó su actitud de renuencia al préstamo. Lo que más les llamó la atención fue que él nunca pagó una sola hipoteca. Templeton es un hombre que vale cientos de millones de dólares, y nunca tarda en pagar sus cuentas. En pocas palabras, su frugalidad es legendaria.

Warren Buffett hace miles de millones de dólares con sus inversiones en el mercado de valores. De forma similar a Templeton, Buffett lleva un estilo de vida muy austero. Compró una casa con valor de $32.000 hace más de treinta años y vive en la misma hasta el día de hoy. Por supuesto, esa cantidad era mucho más de lo que es hoy, pero Buffett nunca ha sentido la necesidad de «subir de categoría» y está contento con su casa vieja y libre de deudas.

Además, Warren Buffett voló en aviones comerciales durante toda su carrera de negocios. Su éxito como el inversionista más exitoso de la historia no disminuyó su austeridad característica. Para Buffett, viajar en aviones privados es caro e injustificable. Esto es algo que cambió más adelante en su carrera porque empezó a volar en aviones privados, solo después de haber comprado toda la compañía de aviación corporativa. Como recibe pagos de todos los demás ejecutivos que vuelan en su flota de aviones privados, Buffett no paga un solo centavo por concepto de viaje y puede descontar sus vuelos privados como gastos del negocio.

Esto en nada se compara con los atletas de veinte años que viajan por todo el mundo en aviones privados sin pensar lo más mínimo en un estilo de vida frugal.

H. Ross Perot, el multimillonario de Texas, piensa con austeridad y paga con prontitud en efectivo por todo lo que adquiere. Mientras Perot trabajó como presidente de la compañía *Electronic Data System* durante muchos años, manejó un modelo barato de Volkswagen para ir al trabajo. Además, decidió vender su posición como dueño de Home Depot cuando uno de los ejecutivos quiso que la empresa «asumiera los pagos de alquiler de su Cadillac». La respuesta de Perot en la mesa de negociaciones fue: «Mi gente no maneja Cadillacs, mis compañeros de trabajo en EDS manejan carros marca Chevrolet» (*The Jewish Phenomenon*, Silberger, p. 133).

En lugar de comprar almuerzos caros en restaurantes exclusivos, Perot no solo condujo un Volkswagen sino que todos los días llevó una bolsa con comida al trabajo, año tras año. Perot se ha pronunciado varias veces en contra del desperdicio gubernamental, el fraude y la opulencia.

Recuerdo haber visto a un Perot muy austero en televisión mientras comentaba que el presidente se la pasaba volando en un avión jumbo 747. Perot dijo que podía hacer exactamente lo mismo en un avión más pequeño como un Gulf Stream, un Lear o un Citation.

Perot aprendió a ser austero desde niño y al mismo tiempo aprendió a pagar con prontitud las cuentas. Por ejemplo, él quería una bicicleta y su padre le llevó por los barrios más pobres de la ciudad para demostrar que ese estilo de vida se debía al crédito irresponsable y la tardanza en los pagos. Su padre le dijo: «Paga siempre en efectivo, y serás dueño de todo lo que uses». Perot todavía vive conforme a ese estilo de vida de prontitud en los pagos y austeridad incluso en su edad avanzada.

Steven Silberger escribe que si uno adopta las siguientes sugerencias a la edad de veintiún años y las mantiene hasta llegar a los sesenta y siete, podrá ahorrarse mucho dinero si invierte la cantidad restante al 8% de rendimiento anual:

1. Comprar un automóvil de precio moderado y manejarlo durante mucho tiempo (Un millón de dólares)
2. Llevar bolsa con almuerzo al trabajo una vez a la semana ($174.000)
3. Usar 5 dólares en cupones de descuento cada semana ($108.000)
4. Comer en casa con más frecuencia ($100.000)

5. Evitar el café caro y la comida rápida ($200.000)
6. Abstenerse de fumar ($400.000)
7. Comprar seguro de vida a término ($209.000)

Todas las prácticas mencionadas nos libran del bombardeo que recibimos a diario a través de las ofertas de mercadeo.

Cuando me convertí en pastor, me enteré de que la iglesia no había pagado algunas de sus cuentas a tiempo. Visité a varios proveedores y acreedores para disculparme y comprometerme a pagar y cambiar la situación.

La prontitud en los pagos sorprende a los acreedores. Recuerdo que pagué mi préstamo educativo por adelantado, y la señorita que me atendió en la oficina de financiación le dijo a su supervisor algo que no me esperaba: «Aquí hay un señor que quiere pagar todo el préstamo, ¿qué me toca hacer?» Esto contrasta con el alto número de pagos incompletos o atrasados que es la norma en el programa de préstamos estudiantiles.

Con frecuencia pregunto a mis estudiantes: «¿Cuál es la mejor manera de decirle a un hombre de negocios que se vaya al infierno?» Supongo que la manera más fácil sería entrar a su negocio y decirle «Váyase al infierno», pero existe una manera mucho más efectiva: Entre a su negocio con una Biblia grande debajo del brazo y una cruz atada al cuello. Apropíese de sus bienes y servicios y no le pague. Esto le dirá sin lugar a dudas que puede irse al infierno. Sus amigos y asociados se enterarán de que así es como los cristianos tratan a los demás en asuntos financieros. Sus amigos también pueden irse al infierno porque no querrán tener nada que ver con nadie en la iglesia. La sabiduría dice: «Paga con prontitud».

Harold Ockenga habló sobre relaciones de negocios difíciles y mencionó a nuestros estudiantes de seminario que nunca había tenido una relación buena con un hombre de negocios cristiano que mostrara su Biblia sobre el escritorio de su oficina.

Es algo inquietante pensar seriamente en el hecho de que muchos cristianos no pagan sus cuentas a tiempo. Yo viajo mucho y en todos estos años solo he sido maltratado por un agente de viajes que era un cristiano muy expresivo. Descontreé los cuatrocientos dólares que me hizo perder como una pérdida de negocios en mis impuestos sobre los ingresos. Lo que más me sorprende es que ahora es un predicador, y no niego que este es un testimonio de la gracia de Dios en su vida. Una revista de difusión nacional lo presentó a él y a su ministerio como un modelo digno de ser imitado (diez años después del incidente). Sin embargo, todavía me debe los cuatrocientos dólares.

La mayoría de comerciantes que ofrecen crédito y emiten préstamos prefieren que se les pague lentamente y no antes del plazo fijado por ellos. ¿Por qué? Así es como generan ganancias máximas por su servicio de financiación. Las compañías de tarjetas de crédito también quieren que se les pague en pequeñas cantidades en el largo plazo. ¿Qué significa esto? Significa que muchos comerciantes prefieren que actuemos contrario a lo que enseñan las Escrituras. Esto nos llevará a endeudarnos más, pagar interés y empobrecernos mientras los comerciantes serán todavía más ricos. Pague a tiempo o antes de tiempo, vaya en contravía de la cultura imperante.

Recuerdo cómo compramos nuestro automóvil hace dos años. Pasé unas pocas horas en arduas negociaciones con el gerente de ventas del concesionario local. Al final le dije que iba a pagarle en efectivo y él respondió de inmediato que eso en nada lo beneficiaba. Le contesté: «Yo ya sé eso, pero esa es mi única manera de hacer negocios». En últimas me vendió el auto pero no recibió ni un centavo mío en pagos de intereses.

Las compañías de tarjetas de crédito tienen términos especiales de desprecio para la gente que paga sus cuentas cada mes sin dejar que se les acumule el interés. Los llaman «vividores» porque no les conviene que hagan sus pagos a tiempo y por el monto total del saldo.

Hace unos años jugué golf con un vendedor local de autos usados Chevrolet y le pregunté: «¿Cuánta gente paga en efectivo al comprar autos usados?» Me dijo que menos del 10%. Por supuesto, tanto el concesionario como el banco se deleitan en recibir pagos lentos de interés mes tras mes. Los pagos prontos y por adelantado van en contra de todo lo que se compra en nuestra cultura lenta y paulatinamente (como casas, automóviles e instalaciones para iglesias).

Uno de mis amigos que es constructor, me contó una historia interesante acerca de los pagos lentos. Él construyó un casino y un atracadero de botes para una de las personas más ricas del mundo. Su cliente siempre le pagó tarde y le argumentaba todo el tiempo por la compra de artículos pequeños que valían menos de diez dólares. Mi amigo decidió renunciar a ese trabajo por el maltrato que recibió. Le rogaron que volviera porque su trabajo era de mucha calidad pero él dijo que de ningún modo. Supongo que no debería sorprendernos su decisión ya que después de todo, se trataba de la construcción de un casino.

Una de las épocas más desalentadoras en nuestro ministerio se relacionó con la aplicación de este principio. Permitimos que una estudiante terminara dos semestres en nuestra Escuela de Estudios Bíblicos, confiando en que tendría la entereza de carácter para pagarnos tan pronto se graduara y consiguiera un trabajo. Sucedió algo que no nos esperábamos. Ella escribió una carta a los directores de nuestra institución en la que incluyó citas bíblicas fuera de contexto que sonaban más a pretexto, con el fin de justificar su retraso constante en los pagos. Lo cierto es que no solo se atrasó en los pagos sino que decidió no pagar.

Podrá imaginarse lo atónito que quedé después al verla en su nuevo automóvil rojo convertible y con un carrito de compras lleno de cerveza y galletas. Nosotros descontamos la deuda de ella como una pérdida para la escuela y después del suceso cambiamos nuestras políticas de ayuda financiera.

Los pagos con prontitud son evidencia de carácter y austeridad. Leí un artículo en el Wall Street Journal sobre estudiantes universitarios que gastan dinero. Los estudiantes de la Universidad de Duke gastan más de quinientos dólares al mes en cosas divertidas (es difícil de creer, pero es cierto). No me cabe la menor duda que el plástico de mamá y papá es lo que paga su cerveza, pizza y vacaciones de primavera en Cancún. Pagar con prontitud y desarrollar el carácter están lejos de salir a relucir con esos patrones de consumo. Mi intención no es criticar a Duke y sus estudiantes, sino describir la realidad tal como es.

Pagar con prontitud las cuentas se relaciona con la primera categoría que discutimos en el capítulo sobre «alianzas inicuas». Deberíamos vigilar las actitudes de nuestros amigos y seres queridos hacia la prontitud en los pagos. Esto es muy importante, especialmente para las parejas que están comprometidas para casarse. El futuro esposo o esposa debería observar las prácticas de pago de bienes y servicios de su futuro cónyuge. ¿Abusan de sus acreedores? Si es así, es posible que practiquen el exceso de confianza en la relación marital. Más del 50% de los divorcios ocurren a causa de peleas sobre el manejo del dinero.

La gente también vive pendiente de lo que se practica en la iglesia. Nuestra negligencia en los pagos es mucho más elocuente que nuestras palabras adornadas sobre Jehová Jiréh, nuestro proveedor. Imagínese que el mundo entero se comportara así de manera simultánea: Nadie paga a tiempo, todos están atrasados en el pago de sus deudas. En poco tiempo, el mundo entero se paraliza y esto ocasiona caos total pues muy pocos comerciantes quieren ofrecer más bienes y servicios en vista de sus grandes pérdidas. Es como un proyecto de ciencia que sale muy mal.

Cada uno de nosotros crea un legado. Trate de imaginar el discurso que se pronunciará en su funeral. Su amigo más cercano se pone en pie para honrar su memoria y dice: «Algo que puedo afirmar sin duda alguna sobre Joe es que nunca pagó sus cuentas a tiempo». Ninguno de nosotros quiere ser recordado por algo así.

Recuerdo que hace unos años estuve involucrado en un ministerio bastante grande, el cual había desarrollado una reputación bastante curiosa. El ministerio debía dinero a más de cien comerciantes locales por concepto de bienes y servicios. El ministerio era considerado un fraudulento de primera por todos esos acreedores, de los cuales podría decirse que captaron muy bien el mensaje de «Váyase al infierno». Lo admirable es que el ministerio se las arregló para pagar todas esas cuentas pendientes y hoy prospera en el mismo lugar. No dudo que algunos de los cientos de acreedores alaban a cualquier cosa menos a Dios cuando piensan en este grupo, pero me pregunto qué diría Ross Perot sobre esta gente.

Los ministerios justifican sus acciones para demorarse en los pagos. «Debemos alcanzar al mundo entero, todo nuestro dinero va destinado a esa causa», o «tenemos que pagar primero la hipoteca», «sabemos que serán comprensivos con nosotros porque somos su cliente principal» (y también su mayor dolor de cabeza). Recuerdo a un predicador por televisión que dijo «por cada noventa centavos que recibimos, tenemos un dólar de gastos por pagar». Más tarde él mismo fue humillado en un escándalo a nivel de toda la nación.

Tal vez algunas personas nunca aprendieron esta lección en su juventud. Quizás la educación se encargará de resolver el problema. Es difícil pensar en cristianos que crecen convencidos de que no es necesario pagar las cuentas con prontitud. Desdichadamente, he tenido que aceptar ese hecho tras haber estado en el ministerio treinta años. Lo más increíble es que algunas personas creen que Dios es quien les manda no pagar, como en el ejemplo de aquella estudiante nuestra. Por inverosímil que parezca, algunos dicen incluso que Dios les dio una fecha diferente para el envío del pago. Es triste, pero mucha gente actúa de esa manera.

Para algunas personas el problema central es una falta de autodisciplina en sus gastos. La austeridad es ajena a su mentalidad y conducta. Quizá la mejor lección que podrían aprender estas personas sería observar la pobreza real, como la que experimentan muchos en Nepal o Bengala. El profesor Frank de la Universidad de Cornell nos ofrece esa perspectiva tras haber escrito *Luxury Fever* en el que describe el apetito de lujos entre los nuevos ricos en Estados Unidos. Muchos necesitan aprender que sí se puede vivir sin la última moda o artefacto de consumo. Los cristianos no están exentos del bombardeo de la publicidad y el consumo impulsivo. La lentitud en los pagos también es resultado del consumo excesivo. Por favor entienda que yo no recomiendo vivir como monjes ni un estilo ascético de vida. Cualquiera que me conoce lo sabe muy bien, yo simplemente predico la austeridad.

Para algunas personas, un ayuno de gastar y comprar podría ser la mejor solución. En otras palabras, que aprendan a decir «no» a esos impulsos y se sometan a esa decisión. Sí, como en todos los casos es difícil romper el círculo vicioso de una adicción. Cuando los adictos cortan la adicción en una forma abrupta, tiemblan, sudan y se retuercen con dolor. Para algunos adictos al consumo y el pago lento de las deudas, esta solución equivale tan solo a evitar el problema. Lo que se necesita es una cirugía espiritual para remover por completo los apetitos consumistas de estas personas. El problema está en el apetito, no en la comida. Por supuesto, muchos tienen el problema y ni siquiera lo saben, pero tal vez alcancen a darse por aludidos.

Proverbios sobre pagar las cuentas con prontitud:

PROVERBIOS 3.27-30
«No te niegues a hacer el bien a quien es debido, cuando tuvieres poder para hacerlo. No digas a tu prójimo: Anda, y vuelve, y mañana te daré, cuando tienes contigo qué darle. No intentes mal contra tu prójimo que habita confiado junto a ti. No tengas pleito con nadie sin razón, si no te han hecho agravio».

El peligro del codeudor

CAPÍTULO 6

Durante la década de los ochenta, enseñé administración de finanzas a mis estudiantes y a otros también. Esto es lo que enseño ahora y lo que enseñé en aquel entonces.

Firmar un contrato como codeudor es una demostración emocional de amor, compromiso y afecto que cualquiera puede entender, pero Proverbios 6.1-5 establece que el codeudor está metido en una trampa porque está «enlazado» y ha quedado bajo el poder y control de su prójimo. En otras palabras, es algo muy peligroso. El fiador de otro se hace responsable por el pago o la falta de pago de las cuentas. Esto divide familias y puede destruir amistades.

Viajé a Mongolia hace dos años y descubrí que la falta de pago de préstamos entre amigos y familiares en la iglesia causó dolorosas divisiones en hogares y grupos de oración y estudio bíblico.

Salomón advierte sobre las consecuencias terribles que esto acarrea y nos instruye que no deberíamos ser fiadores de la deuda de nadie. Nos hace la siguiente pregunta retórica: «Si no tuvieres para pagar, ¿por qué han de quitar tu cama de debajo de ti?» (Proverbios 22.27). El error real sería pensar que eso nunca le sucedería a uno. Salomón dice que es muy posible, así que no lo hagamos.

La Biblia no nos enseña «cómo volvernos ricos». Nos enseña a proteger lo que tenemos. En otras palabras, Proverbios es un libro inspirado por el Gran Pastor, cuyo propósito es proteger a sus ovejas.

Hace unos cinco años enseñé a mis estudiantes en Montana sobre este tema. Aquel día tuvimos una invitada especial para la clase, y más tarde durante el almuerzo me contó que antes había trabajado para una agencia de recolección de deudas. Su trabajo era ir casa por casa y golpear en la puerta de los deudores morosos para exigirles que pagaran. Me comunicó la estadística más espeluznante: Dos terceras partes de las puertas que tocó eran de personas que habían firmado como fiadoras de sus conocidos y familiares.

En algunos lugares en los Estados Unidos el comerciante ni siquiera tiene la obligación de contactar al comprador para la cancelación de una deuda morosa, y pueden acudir directamente al codeudor (me parece que este simple hecho debería disuadir a cualquiera de ofrecerse como fiador). La antigua recolectora de deudas me habló sobre la devastación que esta práctica traía y el dolor que veía en la gente afectada.

La tentación es mucho mayor entre familiares. Los hijos quieren sus autos y el papá tiene que firmar el contrato de compraventa. Esto sin siquiera considerar que el joven tal vez ni siquiera debería comprar automóvil con un préstamo. Si pasamos esto por alto, lo cierto es que cientos de miles de padres firman como fiadores de sus hijos y corren un gran riesgo. Los estudios muestran que los préstamos familiares de cualquier monto se pagan muy rara vez.

Además, si el deudor se atrasa en los pagos del préstamo, el puntaje de crédito (medida con que se evalúa el crédito de la persona en los Estados Unidos) del codeudor también se verá afectado. Es evidente que esto puede llevar a una situación infernal. Durante todos estos años de enseñanza casi siempre hay alguien presente en el salón de clase que ha firmado como codeudor de otra persona y ha sufrido como consecuencia de ello.

Varios años atrás enseñé sobre este tema en Hawai. Un estudiante a quien llamaré Bob completó el curso fielmente. Me lamenté mucho al enterarme de que no quiso hacerle caso a la instrucción de Salomón y salió muy lastimado. Hizo un trato de negocios con un amigo y firmó como fiador por un préstamo de más de cien mil dólares. Hoy día no ejerce el ministerio debido a esa situación y ha tenido que trabajar muy duro para compensar los pagos que su amigo no hizo.

El peligro del codeudor

Traté de imaginar la conversación que sostuvieron Bob y su amigo de negocios que se atrasó en los pagos. Le puedo garantizar que fue muy acalorada.

Ya he escrito varios párrafos sin haber definido todavía el proceso mismo de la fianza. Vamos a pensar ahora en términos hipotéticos.

Yo quiero una camioneta de lujo Lincoln Navigator último modelo que vale sesenta mil dólares. Y solo no puedo calificar para un préstamo sin que alguien más prometa hacer los considerables pagos mensuales si yo me atraso en uno de ellos. Acudo a mi amigo Frank porque sé que él tiene mucho efectivo y le digo: «Frank, nuestra amistad es lo bastante sólida como para que yo te pida que seas mi fiador en la compra de esta camioneta». Mi ingreso me permite hacer los pagos mensuales. Nos hemos conocido varios años y nuestra amistad es muy estrecha. El consejo de Salomón para Frank es que salve su propia vida y me diga «no» a esta propuesta. En contra de los ruegos de su propia esposa, Frank firma como mi codeudor. Después yo me enfermo y pierdo mi trabajo. Frank queda atado porque tiene que usar su cuenta de ahorros para hacer los pagos hasta que el auto pueda venderse y se cubra la diferencia entre el préstamo que se debe y la venta del auto, ahora usado y desvalorizado.

En los Estados Unidos muchos préstamos para negocios requieren codeudor y este es el caso de los préstamos convencionales a corto plazo, las extensiones de crédito y las tarjetas de crédito.

Con franqueza y brevedad, Salomón nos dice: «Es una necedad».

Proverbio sobre los fiadores

PROVERBIOS 6.1-5
«Hijo mío, si salieres fiador por tu amigo, si has empeñado tu palabra a un extraño, te has enlazado con las palabras de tu boca, y has quedado preso en los dichos de tus labios. Haz esto ahora, hijo mío, y líbrate, ya que has caído en la mano de tu prójimo; vé, humíllate, y asegúrate de tu amigo. No des sueño a tus ojos, ni a tus párpados adormecimiento; escápate como gacela de la mano del cazador, y como ave de la mano del que arma lazos».

Acuérdese de los pobres

CAPÍTULO 7

Salomón y los escritores de Proverbios escriben más acerca de esta categoría de la administración del dinero que de cualquier otra. Es curioso que un rey tan rico tuviera un interés tan personal en los pobres. Creo que pudo haberlo aprendido del trato bondadoso de David hacia Mefi-boset el nieto lisiado de Saúl. Moisés proclamó en Deuteronomio 15 que no habría pobres entre el pueblo de Dios si ellos obedecían a Dios. La iglesia primitiva en Hechos 4 experimentó la realidad de esa promesa. Lucas escribe que no había una sola persona necesitada entre los primeros creyentes en Jerusalén. Eso cambió unos cuantos años más tarde, tanto en Israel como en sus alrededores. Jesús dijo que siempre tendríamos a los pobres con nosotros, quizás porque llegó a la conclusión de que el pueblo de Dios siempre desobedecería la ley divina expresada en Deuteronomio 15.

Una y otra vez en Proverbios, Dios se identifica con los pobres. Maltratar a los pobres equivale a insultar a Dios. Imagínese un mundo sin pobreza. Es algo casi imposible de hacer. Más de mil millones de personas se acuestan a dormir con hambre todas las noches. Siempre que la Biblia describe la pobreza, Dios tiene en mente a personas realmente desprovistas, sin acceso a ningún medio de sustento. Los vagabundos que duermen en las calles de las ciudades principales de los Estados Unidos no son la idea que Dios tiene de «gente pobre». Puede ser que tengan hambre, pero esto es algo innecesario en Norteamérica. Imagine por un momento que Dios se abstuviera de mandar a su pueblo que cuidara de los pobres. ¿No sería Dios despiadado? Peor todavía, ¿no sería despiadado su pueblo?

Hace dos años fui a Nepal a predicar. Visité tres campamentos de refugiados de las Naciones Unidas en la región sureste de la nación. Los refugiados eran exiliados de Bután. Bien fuera por ser cristianos o por su apellido se ganaron un boleto de salida sin posibilidad de regreso a su patria, derecho al campo de refugiados. Recuerdo una vez que comí con una familia en su casa diminuta que tenía paredes de cartón. De hecho, la sala se había acabado de fabricar en parte con las notas de mi disertación sobre el libro de Tito. Su «casa» no era más que un cuadrado de cinco metros de lado. El mundo casi no sabe de la existencia de esta población exiliada que se acerca al medio millón de personas. Las Naciones Unidas no presentan su situación al mundo y muy pocos se enteran del problema. Estos habitantes de Bután lo perdieron todo al ser exiliados y no tienen acceso real a medios de sustento. Son pobres en el sentido más bíblico de la palabra.

Es asombroso que Salomón haya hecho tanto énfasis en eso. Proverbios testifica sobre su propia inspiración de este modo. La Biblia lo reseña de principio a fin: En Génesis, Dios destruyó Sodoma, pero si usted solo considera la narración de Moisés para saber por qué Dios destruyó Sodoma, se perderá una parte importante de la historia. En Ezequiel 16 se describe la condenación de Sodoma. Entre otras cosas el profeta escribió que Sodoma tenía un gran excedente de comida pero no cuidó de los pobres que habría podido ayudar. Dios hizo llover fuego y azufre sobre ellos a causa de su inclemencia y la dureza de su corazón. En Éxodo, Dios advierte al pueblo que no oprima a los pobres sino que les provea con generosidad o les preste para sobrevivir sin esperar ningún lucro del préstamo. Dios dijo que si le desobedecían en este asunto les juzgaría con severidad. Levítico introdujo el concepto de dejar los bordes de los campos sembrados y aquellos frutos no segados para los pobres y los extranjeros (23.22). Además, Dios declaró el año de jubileo cada cincuenta años. Todas las deudas eran perdonadas y todas las tierras regresaban al control de sus dueños originales o «designados por Dios». En Deuteronomio se reitera ese principio y Rut demuestra la misericordia de Dios hacia una viuda pobre por medio de la provisión de alimento dejado en el campo y redención de su estatus social. En 1 Reyes, Acab oprimió a su vecino Nabot y le quitó su única posesión que era un terreno. Dios juzgó a Acab y Jezabel por tal acto. Nehemías reprendió a la nación por cobrar interés y crear esclavos entre el pueblo de Dios. Isaías describió el ayuno justo e íntegro en el capítulo 58 y nos enseña que Dios se deleita en el ayuno que incluya obras caritativas como vestir a los que no tienen abrigo, hospedar a los que no tienen casa y alimentar a los hambrientos. Jeremías predijo el cautiverio de Judá a causa de su opresión y asalto de los pobres. Ezequiel condenó a la nación por lo mismo y en sus escritos la comparó varias veces a Sodoma. Amós reprendió al reino del norte y lo condenó a extinción como resultado de las injusticias cometidas por terratenientes acaudalados que añadían campo tras campo a su bolsa en total detrimento de los pobres. Miqueas profetizó de igual modo al mismo tiempo que Isaías y no solo reprendió a la nación sino a los sacerdotes y profetas mismos por oprimir al pueblo. Sofonías describió la promesa futura de restauración para los pobres de Judá. Malaquías anunció al pueblo de Dios que la provisión divina estaba conectada con la generosidad del pueblo hacia los pobres, las viudas, los huérfanos y los refugiados, así como con su fidelidad en el diezmo. En Mateo, los pobres reciben las buenas nuevas. En Lucas, los pobres son benditos y bienaventurados. En Marcos una viuda pobre demuestra ser una verdadera discípula por medio de su ofrenda. En Juan, Judas muestra una preocupación falsa por los pobres ya que en realidad era un ladrón. En Hechos, la gente se empobrece como resultado de una hambruna. En 2 Corintios aprendemos que Jesús se hizo pobre para enriquecernos. En Gálatas los ancianos en Jerusalén solo pidieron a Pablo que se acordara de los pobres, lo cual procuró hacer «con diligencia». En Efesios los ladrones dejan de robar para poder dar a los necesitados. En Filipenses, Pablo describe su ministerio en términos de saber cómo vivir tanto en escasez como en abundancia. En 1 y 2 de Tesalonicenses, Pablo separa a los pobres verdaderos de los simples holgazanes, y nos enseña «el que no trabaje que no coma». Esto está en armonía con el Antiguo Testamento. La gente pobre trabajaba con el fin de recibir la generosidad de la comunidad. Tito 3.13, 14 urge a los santos de Creta a hacer el bien a todos y ayudar de manera especial en los casos de necesidad extrema y urgente. Santiago describe la piedad verdadera como el cuidado de los pobres, las viudas y los huérfanos, tanto como en vivir «sin mancha» alguna del mundo. 1 Juan nos insta a amar de verdad, de palabra y obra al suplir las necesidades de los demás.

Derek Prince declaró que Dios viene a nosotros disfrazado en diferentes atuendos. Muchas veces se nos presenta disfrazado a través de los pobres, las viudas, los huérfanos y los refugiados. Yo respondo así a la afirmación del hermano Prince: «No vayamos a perdernos la oportunidad de encontrarnos con Dios cuando Él acuda a nosotros». Prince también afirmó que la característica distintiva de la iglesia primitiva frente al resto del mundo era el valor que los cristianos veían en la gente, ya que nadie más se interesaba en gente como los pobres y desvalidos.

Yo viví en Hong Kong en el verano de 1990. Los refugiados de Vietnam y Camboya llenaron los campamentos de las Naciones Unidas aquel verano. Me sorprendí al ver la dureza de corazón del mundo. Salió la noticia de que les faltaba vitamina C en su dieta y Jackie Pullinger se dispuso a ayudar. Se comprometió a dar una naranja diaria por cada refugiado en Hong Kong. Los representantes de las Naciones Unidas trataron con sarcasmo su oferta y le dijeron que no querían el típico corazón cristiano que se desangra por un rato solo para abandonar el proyecto una vez empezado. Jackie insistió en que continuarían sus esfuerzos hasta que terminara la crisis, y por fin la ONU accedió. Ella cumplió su palabra a pesar de que al comprometerse a ayudar, su organización no tenía dinero para hacerlo. Dios suplió todo lo necesario.

Recuerdo cuando estuve en República Dominicana hace varios años. Un ministerio grande me invitó a enseñar. Muchos doctores y enfermeras contribuyeron en gran medida a las naciones pobres del mundo. Un día el director escolar que me invitó fue a un estadio de fútbol donde los doctores y enfermeras evaluaban a los presentes para determinar a quién podrían ayudar y tratar adecuadamente con actos médicos de misericordia. Mi amigo Bret regresó al centro ministerial con lágrimas en sus ojos. Me dijo que no podía lidiar con lo que había visto entre esta gente pobre que no podía ni siquiera acceder a servicios básicos de higiene y salud. Los pobres no pueden costear ninguna clase de tratamiento médico adecuado.

Me quedo atónito al ver la opulencia de algunos ministerios en los Estados Unidos. Puede tratarse de pastores locales de iglesias grandes o medianas. Algunas son pentecostales o evangélicas más tradicionales. Es una vergüenza para los cristianos evangélicos y pentecostales que la frase «evangelio social» no sea de buen recibo entre la mayoría de nosotros. Por eso son los teólogos liberales quienes reciben el crédito por aludir a la noción de «evangelio social». Una de las cosas que más me provoca ira es la facilidad con que se acomodan esas congregaciones a la cultura de consumo estadounidense. Hablé hace poco en una iglesia pentecostal y al final del servicio el pastor le dijo a un amigo que se sentía «manipulado». Yo hablé con toda franqueza sobre misiones y dinero, y a ese pastor no le gustó nada de lo que dije.

Me quedo pasmado ante la aceptación incondicional de los valores culturales y financieros de Norteamérica en la iglesia. En otras palabras, si la cultura prevaleciente determina cierta condición como pobreza, la iglesia y los pastores concuerdan con tal definición. Esto es inaudito. Larry Burkett y otros han declarado que la iglesia maneja el dinero de forma paralela a la cultura imperante con la excepción de que nosotros aportamos el 2% de nuestro dinero a la obra de Dios. Los pobres claman pero nos abstenemos de responder porque estamos cegados por nuestras percepciones culturales. A propósito de pobreza, recuerdo que estuve en Corea en 1981 y el país entero era pobre. Estuvimos en Pusán bien al sur. Judy y yo participamos en un equipo evangelístico compuesto por cerca de cuatrocientos estudiantes universitarios coreanos. Durante diez días evangelizamos en Hundae (una playa donde hay más de un millón de personas cada día durante el verano). Recuerdo que un día entré temprano a la cocina. Nuestro cocinero suizo tenía una escopeta y estaba matando ratas que corrían por entre la tubería. Comimos arroz, kimchi y un solo pollo entre cuatrocientas personas. Eso sí es vivir como pobres. Más del 10% de la población mundial gana menos de cien dólares al mes. ¿Hemos pensado en ese hecho desde la perspectiva de Dios?

Un amigo visitó nuestra casa hace unos diez años y testificó acerca de cómo Dios proveyó una casa con piscina en Hawai para él y su familia. Mi esposa Judy reaccionó con mucha curiosidad y empezó a orar y preguntarle a Dios si Él también provee casas para la gente pobre. Esa noche se metió a la cama y abrió una revista cristiana. Encontró un aviso interesante sobre un ministerio que construye casas para gente pobre en países del tercer mundo. Recibió la respuesta que había pedido y juntos enviamos dinero a ese ministerio. Dios sí se interesa por los pobres.

Recuerdo la primera vez que fui a India en 1980. Al llegar a Bombay me compungí al ver gente que vivía en cajas de cartón. Tomé un taxi que me llevó del aeropuerto internacional al nacional y los niños pobres metían sus manos por la ventana del taxi, rogando que les diera una moneda. Yo había empezado un orfanato con mi esposa y algunos amigos. Tenía dinero pero estaba reservado para nuestros huérfanos.

Hace ocho años me senté en un restaurante de Kenia oriental en Mombasa a comer pizza con un amigo. En medio de nuestra conversación sucedió algo extraordinario. Una mano apareció en la ventana y agarró un buen pedazo de nuestra pizza. Eso es pobreza.

Mi amigo Johan ha tenido éxito en muchos negocios en Sudáfrica y una vez viajó a la nación de Malawi para llevar Biblias. Allí encontró gente tan pobre que no tenían ni para vestirse. Los pastores del lugar se escondían detrás de árboles por vergüenza al recibir su Biblia. ¡No tenían ropa! Eso sí que es pobreza. Dios nos manda a cuidar de tales personas. Me pregunto qué harían esos pastores de Malawi si tuvieran su propio yate privado. Yo creo que lo venderían para vestir a sus congregaciones.

¿En qué piensa usted al considerar la pobreza de la gente? ¿Se imagina a gente que no tiene qué comer? ¿Piensa en los niños que aparecen en los avisos de World Vision o Compasión Internacional con miradas tristes? Tal vez usted creció en medio de la pobreza en comparación al resto de las personas alrededor suyo, como fue el caso de mi padre. Yo no recuerdo bien cuál fue mi primer encuentro con la pobreza. Supongo que fue en mi primera visita a México.

La Biblia habla sobre los prejuicios contra la gente pobre. Leemos acerca de un hombre sabio en Eclesiastés que era pobre. Nadie prestó atención a su sabiduría. La implicación bíblica es que se debía a su condición de pobreza.

Leemos en Proverbios que la riqueza trae muchos amigos y la pobreza aleja hasta a los familiares más cercanos. Además, Proverbios 22.7 dice que los ricos se enseñorean de los pobres. Esto alude a la impotencia política de la gente pobre, y no tenemos que buscar mucho para confirmar la veracidad de este hecho.

La pobreza es causada por varios factores. Hay gobiernos corruptos que roban a los pobres para enriquecerse a sí mismos. Imelda Marcos podría ser la representante típica de ese tipo de opulencia. Algunos dictadores africanos de finales del siglo veinte son todavía peores pero recibieron menos cobertura periodística que la reina de los zapatos.

Acuérdese de los pobres

La pereza también produce pobreza. Salomón escribió que «la mano negligente empobrece» y «un poco de sueño, cabeceando otro poco... Así vendrá como caminante tu necesidad, y tu pobreza como hombre armado».

Moisés escribió que la desobediencia insolente a Dios produce pobreza (Deuteronomio 28). En otras palabras, para Moisés la pobreza era una maldición.

La experiencia de vivir en un mundo caído puede producir pobreza. Así como la caída produce enfermedades, sin desobediencia obvia por parte de la persona enferma, la caída también produce pobreza. Hay muchos cristianos realmente pobres. Por ejemplo, en África ahora mismo que escribo esto, trescientos millones de cristianos no tienen Biblia. Eso es pobreza. Quizá deberíamos enviarles Biblias.

Salomón nos instruye que tenemos la responsabilidad de cuidar de los pobres. Por supuesto, hay tantos que no podemos cuidar de todos ellos, pero tenemos la responsabilidad de cuidar de algunos de ellos con la compasión de Dios.

La dificultad que nos espera es mantener el equilibrio porque Dios no desea el ascetismo, más bien busca santos compasivos que participen a otros de su abundancia y bendición.

Yo prediqué hace poco en una iglesia coreana cerca de Seattle. El abuelo del pastor fue mártir en la guerra coreana al igual que su tío. Esta iglesia en particular da 70% de su presupuesto a las misiones. Eso es lo que yo llamaría una participación compasiva de la riqueza.

Me enervo al pensar en la cantidad de lujos y artefactos que hay en algunas iglesias de Norteamérica. La sensación se duplica al compararlas con la iglesia de bambú en la que prediqué en la frontera de Nepal y Bután. Dios nos dio los artefactos, quizás deberíamos compartirlos con iglesias empobrecidas.

Por cuanto la pobreza real está tan lejos de nosotros en Estados Unidos, es muy fácil que nos insensibilicemos y olvidemos que la pobreza sí existe en realidad.

A primera vista, parecería que todo cristiano se interesa en los pobres, pero el estadístico George Barna nos informa que los cristianos manejan su dinero tal como lo hacen los incrédulos. La diferencia es que los cristianos dan casi 2% de sus ingresos a la obra de la iglesia, y ese porcentaje sigue bajando.

La Biblia también nos enseña que la gente no tiene inclinación a tomar en serio a los pobres. Leemos en Eclesiastés acerca del hombre sabio y pobre a quien nadie prestó atención. Lo cierto es que Salomón mismo también es desatendido con mucha frecuencia.

Al pensar en conversaciones que tienen lugar entre gente pobre y cristianos ricos, nos damos cuenta de que tales encuentros pueden resultar desalentadores y contraproducentes. Imagine al pobre promedio preguntar al cristiano occidental normal por qué le abandona a su suerte para morirse de hambre. Qué tal esta respuesta: «Porque necesito hacer el pago mensual de mi lancha». ¿Suena convincente?

Lo más sorprendente es que todo lo que escriba aquí sobre los mendigos en las calles de Calcuta sería considerado por ellos como nada interesante, pues dirían: «¿Para qué escribe nuestra biografía? Así es como se vive aquí todos los días».

Existen dos mentiras que debemos evitar. La mentira de que podemos resolver la pobreza con esfuerzos individuales, y la de que podemos quedarnos de brazos cruzados.

Esto me hace recordar la historia de la estrella de mar. Un niño que caminaba por la playa recogía las estrellas de mar que encontraba a su paso y las lanzaba de vuelta al océano. Había estrellas de mar por todas partes, y un anciano se le acercó y dijo: «Hay tantas que realmente no puedes ni siquiera hacer mella en el problema». El pequeño levantó otra estrella de mar y la lanzó al agua antes de decirle al anciano: «Por lo menos le cambié la vida a esa estrella de mar, ¿no cree?» La moraleja es que sí podemos contribuir al bienestar de una (o quizá más de una) persona en este mundo.

Proverbios sobre los pobres

Proverbios 10.4
«La mano negligente empobrece; mas la mano de los diligentes enriquece».

Proverbios 10.15
«Las riquezas del rico son su ciudad fortificada; y el desmayo de los pobres es su pobreza».

Proverbios 13.7
«Hay quienes pretenden ser ricos, y no tienen nada; y hay quienes pretenden ser pobres, y tienen muchas riquezas».

Proverbios 13.8
«El rescate de la vida del hombre está en sus riquezas; pero el pobre no oye censuras».

Proverbios 13.23
«En el barbecho de los pobres hay mucho pan; mas se pierde por falta de juicio».

Proverbios 14.20
«El pobre es odioso aun a su amigo; pero muchos son los que aman al rico».

Proverbios 14.21
«Peca el que menosprecia a su prójimo; mas el que tiene misericordia de los pobres es bienaventurado».

Proverbios 14.31
«El que oprime al pobre afrenta a su Hacedor; mas el que tiene misericordia del pobre, lo honra».

Proverbios 17.5
«El que escarnece al pobre afrenta a su Hacedor; y el que se alegra de la calamidad no quedará sin castigo».

Proverbios 21.13
«El que cierra su oído al clamor del pobre, también él clamará, y no será oído».

Proverbios 21.17
«Hombre necesitado será el que ama el deleite, y el que ama el vino y los ungüentos no se enriquecerá».

Proverbios 22.2
«El rico y el pobre se encuentran; a ambos los hizo Jehová».

Hay sabiduría en ahorrar e invertir

CAPÍTULO 8

*«Vé a la hormiga, oh perezoso, mira sus caminos, y sé sabio;
la cual no teniendo capitán, ni gobernador, ni señor,
prepara en el verano su comida,
y recoge en el tiempo de la siega su mantenimiento».*
Proverbios 6.6-8

Considere la vida de José. Este joven salvó al mundo entero por medio de un plan prudente de ahorro.

Salomón nos instruye que consideremos a la hormiga. Nadie le dice a la hormiga qué hacer ni cuándo hacerlo. Esto es similar a nuestra necesidad de ser diligentes en el ahorro cuando el Señor nos manda ahorrar o invertir. El ahorro y la inversión son prácticas monetarias que Salomón considera tanto prácticas como sabias.

La hormiga se prepara con antelación para el invierno. Su ahorro tiene orientación hacia el futuro y Dios espera que seamos iguales. La inversión también manifiesta esta orientación futura porque administramos el presente con la mirada puesta en el futuro.

Además, Proverbios 22.3 afirma que el hombre sabio ve el peligro y se esconde. Los ahorros y las inversiones nos «esconden» de posibles «bajones» en el futuro.

Para invertir se requiere conocer algunos principios básicos. El primero es empezar desde joven, cuanto antes mejor. En cierto modo, el tiempo es tan poderoso como el dinero mismo cuando se trata de inversiones para el futuro. Consideremos las siguientes hipótesis.

Suponga que usted tiene veintidós años al igual que su amigo. Usted invierte dos mil dólares cada año durante seis años (hasta la edad de veintiocho) y no invierte un centavo más. Su amigo espera hasta la edad de veintiocho para invertir dos mil dólares por año. Su amigo invierte esa cantidad cada año hasta los sesenta y cinco años. A la hora de jubilarse ambos a la edad de sesenta y cinco años, ¡ambos tienen la misma cantidad de dinero!

Los veteranos del mercado de acciones insisten en esto mismo todo el tiempo. El doctor Robert Goodman se ganó su doctorado en economía y trabajó en el Banco de la Reserva Federal y en Citibank. Llegó a convertirse en director y consejero principal de Inversiones Putnam en 1989. Con cierta regularidad aparece en los programas de noticias financieras.

Goodman escribió *Independently Wealthy* en 1997 y allí declara: «La disciplina y la paciencia son dos características que tienen todos los inversionistas exitosos a largo plazo. Estos rasgos no se transfieren genéticamente de una generación a la siguiente, deben aprenderse. Puesto que lo más probable es que todos los estadounidenses tendrán que contar con una cantidad de dinero mucho mayor en el futuro a la hora de jubilarse, el mejor tiempo para empezar a aprender el proceso es ahora» (*Independently Wealthy*, Robert Goodman, p. 88).

Mary Farrell es la directora de estrategias de inversión en Paine Webber. Ella empieza el segundo capítulo de su libro *Beyond the Basics* con estas palabras: «La clave para el éxito en las inversiones es muy simple: Tiempo» (*Beyond the Basics*, p. 25). Al leer el libro de Mary Farrell me acordé de Warren Buffett, que es el inversionista más exitoso de la historia. Buffett compra acciones de diferentes empresas y las conserva durante mucho tiempo. Alguien le preguntó a Buffett: «¿Cuándo es el mejor momento para vender la acción?» Después de reflexionar un momento, Buffett respondió: «Nunca».

Mary Farrell incluye una tabla bastante asombrosa que muestra la necesidad de invertir todo el tiempo sin vender las acciones ni sacar el dinero del mercado para volverlo a meter después. Entre el 1 de enero de 1989 y el 31 de diciembre de 1998 se tuvieron 2.528 días de transacciones en el mercado de valores. La persona que invirtió y no tocó el dinero invertido todo ese tiempo, obtuvo un rendimiento de 16%, mientras que la persona que sacó su dinero en los diez mejores días durante esos años, solo recibió 11.8%. Si lo sacó en los veinte mejores días, 9%, en los treinta mejores días, 6.6%, en los cuarenta mejores días,

Hay sabiduría en ahorrar e invertir

4.5%, etc. La conclusión de Farell es que vale la pena ser pacientes y no liquidar las inversiones una vez hechas, soportando las alzas y bajas del mercado. Por eso, la primera clave para el éxito en las inversiones es dejarlas quietas.

La segunda clave en que insisten los genios del dinero es la diversificación. La diversificación está relacionada con la palabra «diverso», la cual significa «diferente». Es un principio de inversión que también se encuentra en Eclesiastés 11.1-8. La abuela lo diría de este modo: «No pongas todos los huevos en una canasta».

En su libro *Storm Shelter*, Ron Blue detalla varios tipos diferentes de diversificación y desarrolla seis pasos consecutivos para lograr una buena diversificación de las inversiones.

1. Clase y categoría (acciones, bonos, bienes raíces, etc.)
2. Estilo de inversión (valor, crecimiento, baja capitalización)
3. Diferentes administradores de fondos
4. Tiempo (según se trate de acciones o bonos)
5. Geografía (internacionales, nacionales, etc.)
6. Inversiones específicas [ibíd., pp. 201*ss*)

Blue sugiere que consideremos esos factores en el orden presentado, y la idea es mezclarlos en la medida de lo posible. Invierta en diferentes categorías, con diferentes estilos, en distintos tiempos y en diversos lugares geográficos.

El genio del mercado de valores Norman Fosback ilustra el poder matemático de diversificar en diferentes tipos de acciones y detalla la cantidad de riesgo que podemos eliminar con el simple hecho de comprar diferentes acciones y hacer lo que nos dijo la abuela: «No pongas todos los huevos en una sola canasta». Esta parte corresponde a la sexta categoría de Blue.

Fosback escribe en *Stock Market Logic* (p. 254):

Número de acciones en el portafolio:	Porcentaje de riesgo eliminado:
2	46%
4	72%
8	81%
16	93%

Los números de Fosback muestran el poder de las palabras de la abuela y la sabiduría de la Biblia. Por nuestra seguridad, diversificamos el riesgo y esparcimos las inversiones. Además, mantenemos las inversiones sin liquidar posiciones a pesar de las alzas y bajas del mercado.

Por supuesto, si no empezamos por ahorrar, todos los consejos de los expertos se quedan en teoría. El especialista en inversiones John Wasik escribió *The Late Start Investor* en 1998 para aconsejar a personas que empiezan a pensar un poco tarde en su jubilación. Wasik escribe:

Tan pronto el reloj marcó la medianoche del 1 de enero de 1997, cada siete segundos los *baby boomers* que nacieron en 1946 cumplieron cincuenta años de edad. Sin embargo, la mayoría de estos setenta y siete millones de personas que se aproximan a su sexta década, le temen al futuro. Según una encuesta de Merrill Lynch, la mayoría de ellos tienen menos de tres mil dólares ahorrados para su pensión...

Además de la bomba de tiempo que no se detiene para aquellos que no se han preparado para el retiro, hay muchos otros que no han ahorrado en absoluto según el estudio de Merrill Lynch. En una encuesta realizada hace poco, la respuesta más común a la pregunta sobre la cantidad ahorrada por empleados entre cuarenta y cinco y sesenta y cuatro años fue *cero*, de acuerdo al Concilio de Empleadores para la Compensación Flexible. En general, la cantidad promedio que se ahorra es apenas setecientos veinte dólares al año. (*The Late Start Investor*, John Wasik, p. 6, 7).

Wasik descubrió que solo el 30% de los trabajadores estaban seguros de que tendrían dinero suficiente al jubilarse para vivir con cierta comodidad. El hecho es que la gente se jubila antes de tiempo y casi la mitad se vieron forzados a retirarse mucho antes del plazo que tenían previsto. Además, nos advierte que el 60% de los estadounidenses no tienen plan de inversión para su pensión.

Sullivan, Westbrook y Warren lo confirman: «La realidad es que la clase media en los Estados Unidos corre a toda máquina para no perder su calidad de vida. El descenso en la tasa de ahorros demuestra cuán cerca están muchas familias de la marginalidad. Para algunas familias la deuda (que se cuenta como ahorros negativos) se convirtió en el mecanismo preferido de ajuste» (*The Fragile Middle Class*, p. 31). Concluyen el libro con este párrafo ominoso: «A finales de 1998 por primera vez desde la gran depresión, el pueblo estadounidense como un todo pasó a una tasa negativa de ahorros, lo cual significa que colectivamente, no ahorramos ni un centavo» (ibíd., p. 32).

Hay sabiduría en ahorrar e invertir

En contraste con los Estados Unidos, consideremos a Singapur. El gobierno impuso a la población una tasa obligatoria de ahorros de más del 30% desde el comienzo de la nación en 1965, de lo cual los empleadores tenían la obligación de contribuir con la mitad.

El padre de esta nación, Lee KuanYew, tituló el segundo volumen de su autobiografía *The Singapore Story: From Third World to First* [La historia de Singapur, desde el tercer mundo hasta el primero]. Esto es lo que sucedió: Los singapurenses tienen más efectivo para gastar que cualquier otra nación en el mundo, incluida Suiza. Además, más del 60% de los suizos pagan arriendo por sus viviendas mientras que más del 70% de los habitantes de Singapur son dueños de su apartamento o condominio. Esto es algo que añade un gran porcentaje a su patrimonio neto.

Los singapurenses son 70% chinos y esto explica en gran parte su genialidad en el manejo del dinero. Sin embargo, un plan disciplinado y de cumplimiento obligatorio fue lo que hizo toda la diferencia para ellos. Esto hace palidecer a los Estados Unidos en el 2003.

En Norteamérica los millonarios ahorran. Stanley y Danko los describen en primera persona: «Somos inversionistas fastidiosos. En promedio, invertimos casi el 20% de nuestro ingreso nacional cada año. La mayoría de nosotros invierte por lo menos el 15% mientras que 79% de nosotros tiene por lo menos una cuenta con una compañía de corredores de bolsa» (*The Millionaire Next Door*, p. 10).

La tentación es pensar que estas personas pueden hacerlo porque cuentan con el dinero que se requiere. Esto solo revela un sesgo de nuestra parte y en la mayoría de los casos es incorrecto. John Templeton y su esposa ahorraron el 50% de sus ingresos cuando eran jóvenes y eso que no tenían mucho, pero continuaron esta práctica durante veinte años en su matrimonio.

Gary Belsky y Thomas Gilovich escribieron *Why Smart People Make Big Money Mistakes* en 1999. Allí discuten algunas señales de peligro como:

1. Uno no considera que hace gastos innecesarios o imprudentes, pero tiene dificultades para ahorrar.
2. Uno tiene cuenta de ahorros en el banco *y también* saldos pendientes en las tarjetas de crédito.
3. Uno se siente más inclinado a gastar al recibir un reembolso de impuestos que con los ahorros en el banco.

4. Uno parece gastar más cuando usa sus tarjetas de crédito que cuando usa dinero en efectivo. (Ibíd., p. 45.)

Jonathan Pond describe la frase proverbial que decían en otro tiempo muchos inmigrantes de Europa oriental a los Estados Unidos: «La persona pobre gana un dólar y gasta $1.01 mientras que la persona rica gana un dólar y gasta 99 centavos» (*Your Money Matters*, p. 1).

Necesitamos paciencia para ahorrar. La Biblia la describe así en Proverbios 13.11: «Las riquezas de vanidad disminuirán; pero el que recoge con mano laboriosa las aumenta». El reto que enfrentamos al ahorrar es la paciencia, que es un fruto del Espíritu.

Referencias en Proverbios a ahorros e inversiones

PROVERBIOS 6.6-8
«Vé a la hormiga, oh perezoso, mira sus caminos, y sé sabio; la cual no teniendo capitán, ni gobernador, ni señor, prepara en el verano su comida, y recoge en el tiempo de la siega su mantenimiento».

Soborno

CAPÍTULO 9

He viajado a muchos países en los que enseño acerca de administración de finanzas tanto a estudiantes como a gente común y corriente, y un tema «caliente» que siempre sale a flote en las naciones en vías de desarrollo es la corrupción y el soborno. Me he propuesto no mencionar naciones específicas en esta parte del libro porque no quiero avergonzar a nadie ni apuntar el dedo a alguien en particular.

Son naciones del mundo donde el soborno y la corrupción gobiernan el ambiente de los negocios. Un amigo llamado Juan (nombre ficticio) me dijo que en su país el soborno prevalece sobre todo lo demás. Me contó una historia bastante perturbadora.

Fred el amigo de Juan se graduó como el mejor estudiante en su clase universitaria. Fred asistió a la mejor universidad de su país y buscó un trabajo después de graduarse. Quería ser piloto de aviones comerciales grandes para la primera aerolínea de su país y solicitó el trabajo.

Los representantes de la aerolínea lo entrevistaron y les gustó lo que oyeron y todo lo que decía su hoja de vida. Estaban dispuestos a contratarlo con la condición de que les pagara a todos los oficiales de la aerolínea que participaran en su proceso de contratación. Fred no accedió y como resultado, la aerolínea decidió no contratarlo.

Mi amigo Juan me dijo que esto es algo típico en su nación. La aerolínea funciona con base en la corrupción, no en los méritos personales y profesionales.

Por ende, podemos plantear el caso hipotético de que en lugar de ver al mejor candidato en el puesto de piloto, será elegido el candidato que se someta a pagar sobornos. En últimas, el público recibe servicio y seguridad de segunda clase.

Yo tomé algunas decisiones importantes tras esa conversación con Juan hace quince años. Decidí que no viajaría en las aerolíneas de esa nación donde el soborno y la corrupción son la práctica cultural común. El problema es que en algunas de las naciones a las que viajo solo opera la aerolínea nacional que funciona con base en la corrupción.

El soborno compra muchas cosas. Proverbios declara que un soborno es como una piedra mágica en el sentido de que dondequiera se utilice sale invicto. El soborno funciona porque compra tanto pilotos de aerolíneas como oficiales del gobierno que determinan los criterios de aceptación a un trabajo, las medidas de seguridad en las cabinas de aviones, etc. Los sobornos también compran oficiales del gobierno que tienen la responsabilidad de impedir que aviones inseguros crucen los cielos.

Una vez pagué un soborno sin siquiera saber lo que hacía. Le pagué a un conductor para que me subiera a primera clase en un tren por Europa oriental a principios de los ochenta. Recibí el camarote de primera clase y dormí muy bien aquella noche. Fue solo después que me di cuenta de que tal acción era ilegítima.

En ese mismo país enseñé sobre manejo del dinero. Al llegar para hablarles sobre el soborno y la corrupción, uno de los pastores levantó la mano y dijo indignado: «En este país no se puede hacer nada sin pagarle alguna porción a alguien». La Biblia condena la corrupción tanto en los negocios como en el gobierno.

Las luminarias de la Reforma, Lutero y Calvino, impartieron enseñanzas fuertes en contra del soborno y la corrupción.

Mi esposa y yo tuvimos el gran privilegio de vivir en Singapur durante un año. Allí empezamos una escuela bíblica y aprendimos la historia de esa gran ciudad estado. Leí la autobiografía del patriarca de la nación, Lee Kuan Yew.

Lee Kuan Yew escribió que su primer decreto oficial como líder de la nación fue hacer ilegal el soborno y la corrupción en los puestos gubernamentales. Una condena larga en la cárcel es lo que le espera a los gobernantes corruptos que cometan soborno en Singapur.

Es interesante que Singapur califique como la nación más rica del mundo en promedio de ingresos por habitante. Los ciudadanos de ese país pagan todo en efectivo y más del 70% de ellos son dueños de sus propias casas o apartamentos. Es asombroso que en Suiza cerca del 60% de la gente paga arriendo por sus viviendas. Los suizos son gente rica, pero los singapurenses lo son mucho más en comparación.

También resulta interesante que en las naciones ricas impera la honestidad. En Suiza (a causa de la Reforma) y en Singapur (debido a la tradición ética infundida por la obra de misioneros metodistas que lideran la nación).

Recibí un mensaje electrónico de un abogado en Singapur en el que describe la corrupción:

Singapur tiene una de las legislaciones más estrictas del mundo en cuanto a la corrupción y el soborno. Es muy claro que tanto las personas que inician el soborno como aquellos que lo reciben tienen la misma responsabilidad ante la ley. El castigo va desde multas cuantiosas y restitución del dinero recibido, hasta sentencias carcelarias. Singapur tiene un departamento independiente de la policía que solo se ocupa de delitos de corrupción. Ese departamento le rinde cuentas directamente al primer ministro.

Cuando el primer ministro Lee Kuan Yew heredó los servicios civiles británicos y se comprometió a acabar con la corrupción, los británicos se rieron de él y dijeron que era imposible. Él promulgó las leyes contra la corrupción y las implementó con vigor incluso en contra de sus colegas en el gobierno. La aplicó a funcionarios de alto rango y a empleados generales y secretarias por igual, a asistentes médicos, recolectores de basura y policías de tráfico sin preferencias. Ahora hasta la comunidad extranjera de negocios sabe que hacer negocios en Singapur requiere de manos limpias o se corre el riesgo de ser perseguido por la ley. Por supuesto, Singapur e India o cualquier parte de Asia son mundos aparte, pero yo creo que Dios ha bendecido a Singapur en especial para que sea un ejemplo de cómo deben aplicarse los principios bíblicos en contra de los sobornos, la extorsión y la corrupción.

(Mensaje electrónico de mi amigo abogado de Singapur.)

Ese mismo amigo dijo en otro mensaje que me envió por Internet:

> *Ron, todavía pienso en el tema del soborno. Tienes razón en cuanto a la igualdad de la culpa tanto por pagar como por recibir sobornos. El hábito de pagar sobornos desarrollará una cultura en la que se espera recibir sobornos como algo natural. Si los cristianos están dispuestos a pagar sobornos, la sociedad pronto creerá que cualquier persona puede ser comprada al igual que compraron a otros.*
>
> *El proyecto Agar en Camboya se ha negado a pagar cualquier soborno así sea por cuestiones simples de inmigración, por lo cual ha tenido que soportar frustraciones como múltiples demoras y tener que volver a llenar siempre los mismos documentos. Sin embargo, cuando surge la necesidad genuina de que el gobierno establezca un proyecto social con participación burocrática en el suministro de tierras o instalaciones, Agar se ha ganado el favor por encima de las demás organizaciones porque el gobierno sabe que los funcionarios corruptos no pueden comprarlos. Agar devuelve este favor con el suministro de servicios honestos y excelentes que beneficiarán tanto a la población como al gobierno. Algunos de nosotros participamos en la enseñanza de cursos sobre contabilidad básica o computación para funcionarios del ministerio de bienestar social.*

(Mensaje electrónico del mismo amigo.)

El economista de Harvard David Landes afirmó que la ética de la reforma cristiana del siglo dieciséis fue el factor principal de la prosperidad en el mundo occidental.

¿Cuál fue el dictado ético de la reforma cristiana en cuanto al soborno y la corrupción? «No harás injusticia en el juicio, ni favoreciendo al pobre ni complaciendo al grande; con justicia juzgarás a tu prójimo» (Levítico 19.15).

Dan, un buen amigo mío, trabajó en un país donde el soborno y la corrupción son la norma. Hablamos sobre el tema y me dijo que después de estudiar la Biblia, él cree que los misioneros y demás obreros que son presionados a pagar a diversos negocios y funcionarios del gobierno son en realidad víctimas de robo y extorsión porque pagan sobornos de manera involuntaria. Yo sospecho que la mayoría de los negocios que operan en esas naciones también pagan sobornos involuntarios, pero lo cierto es que los pagan.

Rousas Rushdoony escribe:

La ley bíblica no impone castigos por el ofrecimiento de sobornos, y este es un punto que inquieta a muchos cristianos. Sin embargo, el hecho es que la Biblia ve el problema de manera muy realista. El juez o funcionario público es la persona que se encuentra en posición de poder. En mis viajes por el país y mis conversaciones con personas del extranjero, veo un patrón muy claro en lo que respecta al soborno.

En primer lugar, el funcionario que detenta el poder por lo general es quien inicia la solicitud de un soborno, pues es la manera convencional de hacer un trato con él. Si se trata de contratos licitados, no se firmará un solo papel sin que se reciba un pago inicial. Si se necesita una decisión, el soborno es un requisito previo para que el oficial considere el caso. Por supuesto, muchos que ofrecen sobornos también son corruptos pero el hecho es que todos los que ofrecen sobornos preferirían hacer tratos con las autoridades civiles, sus tribunales y demás agencias, sin necesidad de tales pagos. La carestía que esto añade al costo general de las operaciones así lo demuestra, pero los que pagan soborno saben que llevan las de perder porque son ellos y no quienes los reciben que están siendo acusados y sentenciados por soborno. Hace poco, aun mientras varios fabricantes y productores eran sentenciados por pagar sobornos, los políticos del caso estaban ocupados recolectando aun más sobornos.

Esto deja muy en claro un segundo aspecto del soborno, y es que su costo es soportado por quien lo ofrece como un impuesto desagradable que siente que debe pagar. De hecho, más de un hombre de negocios considera el soborno como otra forma de gravamen que incluso se fija en tasas similares a las de los impuestos. El lucro real del soborno siempre va al lado de quien lo recibe. Con frecuencia los que pagan sobornos quieren que se haga justicia y resienten la parcialidad que favorece a quienes los reciben y enredan en su propia corrupción. Si el que paga soborno tiene un producto inferior y solo tiene éxito como resultado de pagar soborno, es una criatura o títere del político que puede sacrificarse cuando sea necesario. En todo el mundo, el soborno es un procedimiento convencional que los gobiernos civiles aceptan de manera tácita o implícita. Este impuesto corrupto conduce con frecuencia a la creación de grupos delincuentes cuya función se convierte en la venta de bienes y servicios de menor calidad a altos precios, gracias a los sobornos que se pagan a autoridades civiles para ganarse su favor.

En la mayoría de los casos castigar al que soborna equivale a penalizar a la víctima de violación antes que al violador. Es cierto que el sobornador no siempre actúa bajo presión, pero la coerción es tan real en la mayoría de los casos que debe considerarse una forma de robo. Es un robo de dinero y también un robo de la justicia. Cierto hombre que empezó a trabajar para el estado se enteró de que su salario sería congelado, su trabajo sometido a condenación y su futuro financiero puesto en entredicho, si no pagaba sobornos. Este hombre dijo con amargura: «No hay ninguna otra forma de tratar con el gobierno». El soborno debe ser condenado, pero en los términos de las Escrituras. (*Law and Society*, Rushdoony. Ross Books P.O. Box 67 Vallecito, California 95251, 1982, pp. 697, 698.)

El presidente de una nación pequeña en África invitó a otro amigo mío a dirigirse a los funcionarios de su gabinete. Mi amigo les dijo que la receta de la pobreza es corrupción y soborno en los altos mandos. Para que una nación experimente crecimiento económico, las demás naciones deben estar en capacidad de depositar en ella su confianza. Donde impera el soborno, también impera la pobreza.

He observado un fenómeno interesante en las monedas de las diferentes naciones. Allí donde el soborno y la corrupción son la norma, la moneda es muy débil. ¿Por qué? Ninguna de las otras naciones confían en el gobierno de ese país.

Esto se debe a que todas las monedas de todos los países son una declaración de buena fe por parte de los demás. La moneda es un documento que declara la confiabilidad de un gobierno. Los gobiernos dignos de confianza tienen monedas fuertes que no se desvalorizan con facilidad.

¿Por qué son tan fuertes los dólares estadounidenses y los francos suizos? Ambos gobiernos son dignos de la confianza fiduciaria y financiera del mundo. El gobierno de los Estados Unidos siempre ha pagado todas las deudas que ha adquirido. ¿Qué lo diferencia de los países corruptos? Esos países incurren deudas inmensas que nunca pagan como nación. Nadie quiere su dinero corrupto, ni siquiera su propio pueblo.

Recuerdo que una vez estuve de paso por París, Francia, en un viaje de regreso a los Estados Unidos desde una tierra lejana. No tenía dinero estadounidense pero tenía mucho de la moneda de aquella nación. Puse el fajo de billetes en el escritorio del banquero para pedir francos o dólares a cambio. El cajero francés me miró con desdén y devolvió el dinero diciendo: «En este banco no aceptamos esa moneda».

Con frecuencia he pensado en la destrucción cultural que acarrean el soborno y la corrupción. Todos experimentamos eso en gran magnitud hace poco con el sacudón del mercado de valores estadounidense. ¿Recuerda a la empresa Enron?

Enron compraba y vendía petróleo y gas natural. Cuando los inversionistas descubrieron que Enron les había engañado, los mercados de acciones y los gobiernos del mundo entero reaccionaron a una.

Yo aliento a los misioneros a no pagar sobornos porque esto contribuye a la destrucción cultural del país a donde van. Puede ser que se sientan extorsionados, pero si deciden pagar sobornos deben ser conscientes del daño que promueven.

El libro de Proverbios trata el tema del sistema legal y de justicia en los mismos términos que el soborno y la corrupción. Nos enseña que el soborno encegeuce los ojos de los sabios, y lo triste es que en algunas naciones la gente recibe las mejores (y más corruptas) sentencias jurídicas que el dinero pueda comprar. Los jueces necesitan recibir una remuneración suficiente para vivir bien, de tal modo que no necesiten sobornos. Los jueces de Singapur reciben el pago más alto del mundo y también son los más honestos e incorruptibles. En toda la ley de Moisés, se observa que los jueces necesitaban tener dos rasgos en su carácter: Temer a Dios y aborrecer el soborno (Éxodo 18.21).

Trate de imaginarse un mundo que opera con base en la corrupción y el soborno. No habría estructura ni seguridad o confiabilidad alguna a la hora de tomar decisiones. Un mundo así nos hace pensar en la vieja película de Mel Gibson, *Mad Max*, así como en películas de George Lucas o Steven Spielberg con sus representaciones surrealistas de normalidad.

Las diferencias entre el bien y el mal o lo correcto y lo incorrecto serían irrelevantes en un mundo así, porque lo que cuenta en un mundo corrupto es «quién tiene más dinero» y «quién puede satisfacer mejor el egoísmo individual». Un mundo corrupto es egocéntrico por naturaleza. El interés en los demás y el amor al prójimo a duras penas pueden asomarse en un mundo corrupto.

Citas en Proverbios sobre el soborno

PROVERBIOS 15.27
«Alborota su casa el codicioso; mas el que aborrece el soborno vivirá».

PROVERBIOS 17.8
«Piedra preciosa es el soborno para el que lo practica; adondequiera que se vuelve, halla prosperidad».

PROVERBIOS 21.14
«La dádiva en secreto calma el furor, y el don en el seno, la fuerte ira».

La pereza

CAPÍTULO 10

Mi profesor de ciencias políticas e historia en la universidad se llamaba Sam. Fue criado en el sureste de Texas, asistió a la Universidad Baylor y le iba supremamente bien allí. Sam dio unos consejos valiosos acerca del matrimonio a las mujeres en nuestra congregación.

Dijo por ejemplo: «¿Quieren ser pobres toda la vida? Todo lo que tienen que hacer es casarse con un hombre perezoso». La pereza es un método garantizado para alcanzar la pobreza.

Salomón escribe: «El perezoso mete su mano en el plato, y ni aun a su boca la llevará».

Salomón nos enseña a observar la hormiga y escribe que así no tenga un jefe o director que le diga qué hacer, ella trabaja durante el verano para ahorrar la comida que necesitará durante el invierno. La pobreza es la característica unificadora de los perezosos en Proverbios. Salomón describe a un hombre tan perezoso que ni siquiera era capaz de alimentarse a sí mismo. Mete la mano en el plato de comida y no se motiva para levantarla y poner la comida en su boca.

La Biblia presenta contrastes claros entre la pereza y la diligencia. La diligencia produce prosperidad en las Escrituras, así como líderes excelentes.

Hay dos naciones que me vienen a la mente al pensar en la diligencia: Japón y Corea. Recuerdo la primera vez que viajé a Japón. La magnitud de la industria me dejó pasmado. Mientras el avión aterrizaba en Tokio pensé: *Ahora sí entiendo por qué los japoneses creyeron que podían conquistar el mundo en 1941*. Es gente que trabajó duro para que Japón se convirtiera en una nación rica después de la guerra con la ayuda de los Estados Unidos y otras naciones aliadas.

Quedé todavía más impresionado por la diligencia de Corea. A principios de los setenta, Corea era una nación del tercer mundo con muchas dificultades para reconstruirse después de la guerra coreana, pero a comienzos del siglo veintiuno se cuenta como número trece entre las economías mundiales. ¿Cómo sucedió esa transformación? Con trabajo diligente.

La primera vez que estuve allá, el ejército regía la nación de facto con leyes nacionales, y la comunidad de expatriados observó con admiración la ética de trabajo de los coreanos. La nación entera se cerraba a la medianoche y volvía a abrirse al público a las 4:30 de la mañana para las reuniones de oración matutinas de los cristianos. El chiste entre los extranjeros era: «¿Por qué se molestan en imponer la ley marcial? Para que la nación pueda dormir cuatro horas y media cada día».

Los Proverbios nos enseñan que la paciencia en la acumulación de riqueza y la diligencia en el ahorro producen crecimiento y capitalización. Esto va totalmente en contra de la cultura de casino en que estamos inmersos y los esquemas para volverse ricos de la noche a la mañana que imperan en nuestra nación. Los estadounidenses gastan más dinero en apuestas que en alimentos y víveres. ¿Cuál es la causa de raíz de este deseo de tener riquezas sin trabajar? Pereza y falta de carácter.

En Corea la gente apuesta pero no como en los Estados Unidos. Ellos trabajan tan duro, si acaso no más duro que en Norteamérica. Mi esposa y yo volvimos a visitar Corea en el 2000 tras diez años de ausencia, y ambos quedamos maravillados por el progreso que ha tenido lugar en Corea desde que estuvimos allí a finales de la década de los ochenta. Recuerdo haberle hecho este comentario a Judy mientras observaba el agitado tráfico que se extendía varios kilómetros en las afueras del aeropuerto a nuestra llegada a Seúl: «Este lugar se ha convertido en otro Estados Unidos».

La pereza va de la mano con el desorden. El desorden va de la mano con la indolencia. Salomón escribe:

La pereza

> *Pasé junto al campo del hombre perezoso, y junto a la viña del hombre falto de entendimiento; y he aquí que por toda ella habían crecido los espinos, ortigas habían ya cubierto su faz, y su cerca de piedra estaba ya destruida. Miré, y lo puse en mi corazón; lo vi, y tomé consejo. Un poco de sueño, cabeceando otro poco. Poniendo mano sobre mano otro poco para dormir; así vendrá como caminante tu necesidad, y tu pobreza como hombre armado* (PROVERBIOS 24.30-34).

Durante los ochenta, mi esposa y yo dirigimos un instituto para entrenamiento de misioneros. Preparamos a gente joven entre los dieciocho y veinte años de edad. A veces teníamos a personas mayores o menores, pero por lo general oscilaban entre esas edades.

Uno de mis compañeros de trabajo se encargó de una escuela de discipulado, y en su clase recalcó la importancia de escuchar la voz de Dios. Había un estudiante que siempre llegaba tarde a su primera clase en la mañana. Un día el director fue hasta su cuarto a despertarlo y sacarlo de la cama. El joven protestó con esta excusa: «He puesto mucho cuidado en su clase, y Dios me dijo que me quedara en cama esta mañana y que no fuera a clase». Recuerdo que esa situación me hizo pensar que aquel joven no tendría mucho éxito en el ministerio ni sería jamás rico.

Casi siempre pienso en 2 Crónicas 27 cuando comparo la diligencia con la pereza. Dice: «Así que Jotam se hizo fuerte, porque preparó sus caminos delante de Jehová su Dios» (v. 6). Yo creo que la gente puede llegar a tener poderío financiero si se disponen a preparar sus caminos delante del Señor.

El libro *The Millionaire Next Door* describe los hábitos austeros de los millonarios en Norteamérica. Uno de los puntos secundarios que presentan es que el 65% de los millonarios en Estados Unidos conservan todos los recibos de sus compras diarias y registran cada mes a dónde fue a parar su dinero.

¿Qué decir del resto de los ciudadanos? Solo el 30% de los que no son millonarios llevan cuentas claras de sus gastos cotidianos. La contabilidad requiere trabajo y concentración, en cambio la pereza no lleva registro alguno y tampoco genera riquezas.

No debería sorprendernos que la Biblia condene la pereza como una ruta segura a la pobreza. Pregunte a cualquier dueño de un negocio pequeño. Los empleados perezosos generan pérdidas. Las llegadas tarde, las ausencias y la indolencia producen menos en el balance de ingresos. Esto hace necesario contratar a un nuevo empleado, corregir errores y entrenar de nuevo al personal.

Los empleadores favorecen a los trabajadores diligentes por encima de los perezosos. Los diligentes se enriquecerán mientras los perezosos seguirán en la pobreza y nunca dejarán de desempeñarse en trabajos rutinarios, sin futuro.

Imagínese un mundo regido por la pereza. Ningún avión volaría a tiempo, ninguna comida se serviría caliente, todas las entregas del correo llegarían tarde, los cheques de pago llegarían siempre una semana o diez días después del plazo acordado, las bodas y los funerales siempre se retrasarían porque muchos de los asistentes serían demasiado perezosos como para hacer acto de presencia, los bancos registrarían todas las transacciones con un día de atraso y el dinero nunca se transferiría como es debido. En pocas palabras, reinaría la confusión.

Conclusión

Ahora pienso en la historia de la vida real que leí en el libro de texto titulado *The Law of Debtors and Creditors*. La profesora de leyes Elizabeth Warren de Harvard escribió este libro con Jay Westbrook, que es un experto en bancarrota de la Universidad de Texas.

Ellos empiezan su libro con la siguiente historia verídica:

Richmond, Texas. El cuerpo de un hombre que murió el viernes fue dejado en el umbral de la casa de su hijo por una funeraria el día lunes en la tarde porque este no había pagado el precio total de la cremación.

Este episodio chocante que sucedió en una población a cincuenta kilómetros al suroeste de Houston, empezó el sábado por la mañana cuando el cuerpo de George Bojarski, que había muerto por cáncer en el esófago a la edad de sesenta y seis, fue recogido por la funeraria Evans.

El hijo del señor Bojarski, Larry, le pagó a la funeraria $299 dólares de los $683 correspondientes a la tarifa de cremación, y le dijeron que si no pagaba el saldo el cuerpo sería devuelto.

Gary Glick, el juez de paz en el condado de Fort Bend, citó hoy a Larry Bojarski, que dijo que no había podido conseguir el dinero para pagar el saldo y no pensó que la funeraria cumpliría sus amenazas...

Pero el lunes en la noche, el cadáver de George Bojarski, cubierto por una simple sábana, fue hallado en la puerta del apartamento de su hijo. (*New York Times*, oct. 14, 1993, A16, col. 1, citado en *The Law of Debtors and Creditors*, por Elizabeth Warren y Jay Westbrook, publicado por Aspen Publishers, Inc. 1996).

Al considerar el tema de la administración del dinero en Norteamérica, uno siempre se topa con situaciones inverosímiles. Claro, Estados Unidos no tiene exclusividad en el mercado de las rarezas financieras. Otras naciones también manejan mal el dinero y obtienen resultados que rayan en la demencia. Hay países donde los hombres venden a sus esposas para pagar deudas por apuestas.

La iglesia sigue a la cultura paso a paso en lo que a finanzas se refiere. Solo hay una diferencia del 2% que destinamos a contribuciones caritativas, así que se puede decir que somos un poco más generosos que la cultura circundante.

Al parecer, podríamos traer a colación varios temas para concluir este libro.

En primer lugar, quiero llamar la atención sobre la importancia de la austeridad de los viejos tiempos. Leí una historia acerca de administradores famosos de dinero y asesores financieros en Wall Street. El artículo resaltaba la frugalidad en el estilo de vida de estos titanes del mundo económico. John Bogle, fundador del mítico grupo Vanguard de fondos mutuos, es conocido por muchos como el San Juan de la industria. El periodista le preguntó si alguna vez le daba por «echar una cana al aire» con alguna compra impulsiva. Respondió que hace poco había comprado una botella de vino que costó dieciocho dólares, una pequeña cantidad en comparación a las botellas mencionadas en la revista de vinos de la alta clase, Wine Spectator, que en promedio se subastan por cuatro mil dólares. Bogle habría podido comprar las mansiones de todos los presentes en aquella subasta y todo el vino sin parpadear, pero él prefiere beber el vino bueno y barato.

También pienso en Warren Buffett, el segundo hombre más rico del mundo, quien todavía vive en su casa de $32,000 dólares que compró hace muchos años. Otro hecho interesante para recordar es que Buffett nunca viajó en un avión privado hasta que fue dueño de su propia aerolínea de aviones para ejecutivos.

A propósito de volar, pienso de inmediato en el frugal y sobrio Sir John Templeton. Este hizo su inmensa fortuna con inversiones en acciones de compañías extranjeras y nadie sabe realmente cuál es su patrimonio neto, aunque se sabe que son muchos cientos de millones de dólares. Templeton viaja en aviones comerciales y nunca en primera clase dondequiera que va. Él dice que la parte de atrás del avión llega tan rápido a su destino como la de adelante. Además, Templeton no gastó más de doscientos dólares por un automóvil hasta que su patrimonio neto llegó al cuarto de millón de dólares. Eso es austeridad verdadera aquí y en cualquier parte.

También tenemos el ejemplo del multimillonario de Texas H. Ross Perot, que manejó su Volkswagen y llevó una bolsa con su almuerzo al trabajo durante todos sus años formativos en EDS. En lugar de viajar en aviones 747 de alta envergadura, Perot piensa que el presidente de los Estados Unidos debería viajar en un jet más pequeño para ahorrarle dinero a los contribuyentes de la nación.

Todos estos gigantes de las finanzas nos muestran un estilo de vida diferente al de las estrellas de rock y los atletas profesionales que viajan por todas partes en sus aviones privados. Si sabemos dónde buscarlos, abundan los buenos ejemplos a seguir en materia de finanzas. Si consideramos cómo se relaciona esto con la austeridad en la vida de un cristiano, entenderemos en gran parte el carácter de Dios mismo.

En el Antiguo Testamento, Dios mandó a su pueblo conquistador que no tocara los árboles que rodeaban las ciudades que sitiaban. Jesús también mandó que se guardaran los sobrados de pan después de alimentar a millares de forma milagrosa. Lo cierto es que con Dios no hay desperdicio alguno, pues Él economiza en todo lo que hace.

Al pensar en la austeridad, nuestras mentes divagan en el concepto del interés. El interés compuesto es algo poderoso. Recuerdo a un estudiante que me preguntó si yo creía en el interés. Le contesté: «Absolutamente, creo en recibir interés sin nunca tener que pagarlo».

El personaje de la radio Bob Brinker relató lo que hizo para pagar su casa por adelantado: Terminó de pagar su préstamo de treinta años en quince y ahorró una gran cantidad de dinero que habría gastado pagando el interés. Tanto John Templeton como Ross Perot aprendieron sobre el poder del interés desde su juventud.

El biógrafo de Templeton, Robert Hermann, describe una actividad recreativa típica del joven Templeton, que pasaba horas enteras resolviendo problemas de interés compuesto. Él también compró todo en efectivo desde el inicio de su matrimonio. Templeton mismo explicó el porqué: «Así siempre recibiríamos interés y nunca tendríamos que pagarlo». La revista *Money* describió a Templeton como «adverso a las deudas» al llegar a sus noventa años, tras mencionar que Templeton nunca pagó una sola hipoteca.

H. Ross Perot aprendió de su padre a vivir libre de deudas, desde muy temprana edad. De niño, Perot quería una bicicleta y su padre le llevó de paseo por los barrios más pobres de su ciudad. Su padre le habló sobre todas las deudas y carencias que afligían a esas personas y el joven Ross lo pudo ver de primera mano. Una de las cosas que le dijo fue: «Compra solo cuando puedas pagarlo en efectivo». Perot con frecuencia hace sonar la alarma sobre el profundo endeudamiento del pueblo estadounidense.

El genio del mercado de valores Warren Buffett aconsejó a estudiantes de la Universidad de Nebraska, y su primer comentario se relacionó con las tarjetas de crédito. Buffett se lamentó en términos fuertes por la cultura actual de la tarjeta de crédito en los Estados Unidos. La gente que vive acosada por pagos de tarjetas de crédito no puede enriquecerse con inversiones en el mercado accionario.

El otro lado de la ecuación del interés es la falta de ahorros en los patrimonios y haciendas de la gente, lo cual impide la capitalización y los ingresos sobre el interés. Los economistas de Harvard Harless y Medoff han llamado la atención sobre esta dinámica en su libro *The Indebted Society*. Ellos indican que la deuda en Estados Unidos se ha disparado a la estratosfera al mismo tiempo que los ahorros y las inversiones están por el suelo. En el 2003 el porcentaje de dinero ahorrado por habitante bajó a menos del 2%. De nuevo, esta situación está a millones de años luz de lo que nos enseñan las personas exitosas cuyo ejemplo sí vale la pena seguir.

Templeton y su esposa vivieron del 50% de su ingreso durante muchos años e invirtieron o regalaron el resto. La mayoría de los expertos en finanzas recomiendan ahorros permanentes del 10% de todo el ingreso.

Proverbios 6 nos lleva de vuelta a la imagen de la hormiga que siempre ahorra para el futuro. Salomón llama esto sabiduría. La actividad sabia de la hormiga produce lo que Einstein llamó la «octava maravilla del mundo» que es el interés compuesto que significa interés sobre interés sobre interés.

Si se hubieran invertido diez mil dólares al 10% de interés al firmarse la Declaración de Independencia, esa cifra habría crecido a un monto mayor a todo el dinero que existía en todo el mundo en el año 2000. Si el mercado de valores crece en un promedio de tan solo 5% anual durante el siglo, en el año 2100 el Dow (índice bursátil industrial) que ahora está en 9,700 rebasaría un millón de puntos. Ese es el poder del crecimiento compuesto.

Conclusión

La ética nos guía en tres aspectos de las finanzas: Ética laboral, ética para diferenciar entre lo correcto y lo indebido, y ética de la generosidad.

Salomón nos dice una y otra vez que la pereza produce penuria. David Landes, profesor emérito de economía en Harvard ha reiterado en su libro *Wealth and Poverty of Nations* que la falta de honestidad que impera en algunos países de Asia, África y el Medio Oriente, ha sido la causa principal de su incompetencia entre las demás naciones. Tanto Jesús como Salomón discutieron la sabiduría financiera que radica en la generosidad.

Así es como podremos mantener el cadáver de George Bojarski lejos de nuestro umbral financiero, siendo austeros, viviendo libres de deudas y conforme a estándares éticos claros.